爱伴花开 读写有法

——谭教授家庭教育课

谭旭东 ◎ 著

海天出版社
HAITIAN PUBLISHING HOUSE
· 深 圳 ·

图书在版编目（CIP）数据

爱伴花开　读写有法：谭教授家庭教育课 / 谭旭东

著. -- 深圳：海天出版社，2022.9

ISBN 978-7-5507-3554-5

Ⅰ.①爱… Ⅱ.①谭… Ⅲ.①家庭教育 Ⅳ.① G78

中国版本图书馆 CIP 数据核字 (2022) 第 102047 号

爱伴花开　读写有法——谭教授家庭教育课

AI BAN HUAKAI　DUXIEYOUFA——TANJIAOSHOU JIATINGJIAOYUKE

出 品 人	聂雄前
策划创意	张晶莹
责任编辑	许婷婷　侯天伦
责任校对	董治钥
责任技编	梁立新
装帧设计	新触点

出版发行	海天出版社
地　　址	深圳市彩田南路海天综合大厦 (518033)
网　　址	www.htph.com.cn
订购电话	0755-83460239
排版制作	深圳市新触点文化传播有限公司
印　　刷	东莞市翔盈印务有限公司
开　　本	787mm×1092mm　1/16
印　　张	14
字　　数	145千字
版　　次	2022年9月第1版
印　　次	2022年9月第1次
定　　价	49.80元

序言

　　我经常应邀出去给一些父母做讲座，和各种各样的父母打交道。我自己关注儿童教育，研究儿童文学和语文教育，也为人之父，有两个可爱的女儿。如何看待儿童，如何对待孩子，这是做父母的最基本的常识，也是儿童教育最基本的立场。

　　现在，值得深思的儿童教育问题有很多。比如，中小学校普遍存在的应试教育，家庭里的父母霸权，还有社会上对儿童的片面看法，等等。媒体常常会批评中小学校的应试教育倾向比较严重。要知道儿童都是各有特点的，每个人都有不同的发展方向，老师们把考试成绩作为唯一的评价标准，用"分数"来衡量学生发展的成败，这很残酷，也不科学和公平。父母也是如此。受到传统观念的影响和应试教育的压力，他们也不太注重家庭民主和孩子个性的发展，只希望用社会上或学校里通行的标准来衡量自己的孩子。于是，"别人家的孩子"就成了自己孩子的一个"标准"。在多次教育讲座里我都说过，树上没有两片相同的叶子，原野里没有两朵相同的花。每一个小小的生命都是独特的，每一个孩子都是世界上卓越的个体。因此，那种"天才"说可以休矣。因为每一个孩子、每一个生命都是独特的，都是自带天赋和灵气的。可以说，每一位儿童都是天才。只要我们给他们合适的成长土壤和合适的成才机会，他们都可以成就属于自己的生活，都可以实现属于自己的创造。

有一次，一位父亲带着他的儿子来见我。这个男孩低着头，不笑，也不愿意说话。这位父亲说："我这儿子天生就有些呆。"我立刻很严肃地对这位父亲说："你不能这样说自己的孩子。"然后，我跟这位父亲和他的儿子进行了两个小时的交流。后来，这位父亲成了我的朋友，他的儿子也变得开朗了，不但爱笑了，而且很愿意主动学习。我告诫这位父亲，不要对自己的儿子有成见，不能因为他生活方面犯了点小错误或学习上出了点困难，就认为孩子不行。带着偏见去"定义"孩子，是很危险的。每一个儿童都会有所谓的"缺点"，尤其是当成人完全按照自己的社会规范去衡量儿童时，就会发现儿童身上有很多"缺点"。但这些"缺点"其实不完全是真的"缺点"，只是一个生命成长时所具有的基本常态。如果父母能够觉察到孩子和大人的差异，就会了解到成长是一个不断完善的过程。那么，很多时候父母就不会只看到孩子的"缺点"，而会发现孩子的优点并恰当地鼓励孩子，在孩子真的遇到困难时及时给予关心和支持。所以，真正合格的父母不是只会给孩子丰富的物质条件，他们还知道更好地陪伴和引领孩子。只知道给孩子做好吃的，买漂亮衣服，多给零花钱，这是最简单的陪伴，不是教育。父母是孩子的第一位老师，也是孩子人生路上最长情的朋友。做好父母这个角色，需要多方面的知识和智慧。

依我个人的经验及对教育的理解，做父母，要有基本的育儿知识、生活常识和创造物质财富的能力。同时，做父母，还要理解孩子，要有童心，要有爱心，尤其是要有发现儿童内在潜能并能激发孩子爱的智慧的眼光和能力。儿童的内心里有爱，也有智慧，但需要成人去发现和激发。如果父母和老师能够在儿童最需要鼓励、关爱和支持的时候，及时给予关注的目光、信任的话语与有效的帮助，那么儿童心灵里的爱和智慧的种子就会发芽、开花、结果，最后变成生活、学习和工作的能力与做人的美德。最好的教育，不是去压抑儿童，不是去把儿童的认知和理解刻板化，不是去矮化儿童的想象力和创造力，而是去开阔儿童的视野，张扬儿童的想象，激发儿童的创造。所以，当孩子遇到生活或学习的困难，用信任的眼神看着父母时，父母一定要安慰孩子并鼓励或帮助孩子去解决困难。

现在，很多父母抱怨学校里的课本知识越来越难了，孩子考试试卷上的题目连博士生都得不到高分，好像孩子一进入小学、中学就没法教了。于是，很多父母纷纷把孩子送到各种培训机构，想让培训机构来替代自己去提高孩子的成绩，培养孩子的学习能力。其实，这是一种过于简单，也带着懒惰的想法和做法。有时候孩子遇到了学习困难，只要父母不去贬损孩子，而是鼓励和尽可能地给予帮助，那么孩子就会愿意努力克服学习困难。

每一位儿童都有求真、爱美、向善之心。生活中没有一个孩子不想变成"好孩子"，他们都想变得优秀，但要完全符合大人的标准，却是非常难的。中小学里的每一次考试，"第一名"一般只属于一个孩子。如果自己的孩子不能得"第一名"，父母也不能看不起孩子，而是要告诉孩子，只要自己努力了，一步一个脚印，有了困难想办法克服，最后一定会变得优秀。优秀就是不断成长，让自己内心逐渐丰富，让自己的能力不断拓展，让自己培养起基本的美德。

鲁迅的《我们现在怎样做父亲》一文值得所有人一读。传统的"孝道"和"感恩"教育非常可怕，好像养孩子就是为了报恩，完全是功利的目的。父母应该去"爱"孩子。所以，鲁迅认为，第一要理解孩子。要知道孩子的世界与成人截然不同，"一切设施，都应该以孩子为本位"。第二要知道，时代在变化，生活也必须进化。孩子是未来，一定会比前一代人更好，"决不能用同一模型，无理嵌定"。第三是解放孩子。要让孩子成为一个独立的人。100年前鲁迅的这篇教育随笔，多么有震撼力，多么警醒世人呀。

鲁迅还说过，儿童是可以敬服的。儿童之所以值得成人敬服，是因为儿童身上本来就有智慧和美德。童心是人类的初心，也是世界的良心。做父母也好，做教师也好，都要理解孩子，敬畏童心。有了这样的基本认识，再去学习如何做父母、如何做教师。

2022年夏

目录

第三辑　如何做好孩子的阅读指导

如何做好亲子陪伴

每一个生命都是独特的，都是自带天赋和灵气的。

给孩子提供合适的成长土壤，用爱栽培，静待花开。

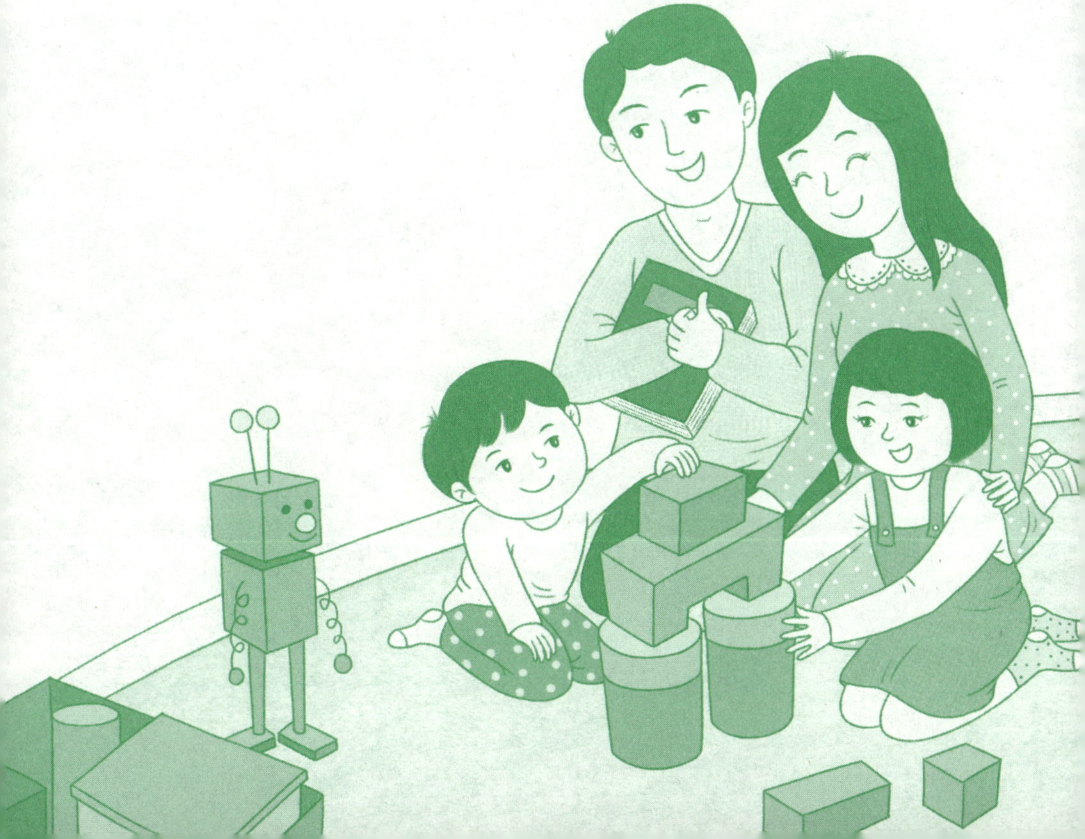

1 父母教育观念不一样怎么办

有人问我，父母教育观念不太一样的多不多？对于这样的问题，当然不好做主观回答，因为具体的数据是很难采集的。不过，在家庭教育中，经常会出现父母观念不同的情况，尤其是针对具体教育问题，有的父母之间甚至产生严重分歧，以致影响家庭关系。我就认识一对夫妻，结婚时两人关系很亲密，也有共同语言，但有了孩子后，却经常为养育中出现的问题而争吵，矛盾不可调和，最后离婚了。

还有一次，一位家长对我说："我觉得在家里应该加大孩子的学习强度，不然的话，父母会缺乏权威性。另外，父母要管住孩子，不然，孩子容易叛逆。"听到这样的话，我会摇摇头。因为这样来看待家庭教育，实在是太简单了。教育不是"管"和"管教"，孩子并不是管好的，而是陪伴和引领的结合。

父母在孩子教育方面肯定会面临很多问题，一般都会存在认识上的差异和冲突。要想解决好家庭教育的问题，特别是解决家庭矛盾，就要有很好的沟通。不但要有夫妻之间的良好沟通，也要有良好的亲子沟通。做父母的，只有共同努力做好沟通与合作，才能一起调正儿童教育的方向，才能担负起养育孩子的责任。那么，父母教育观念有冲突怎么办？这里我谈几点看法和经验，可以促进父母认识统一并形成家庭教育的合力。

一是教育孩子需要父母合力。教育孩子，不是家里某一个人的事，父母都有责任、义务和权利，谁也不能缺席。做母亲的不要一手包揽，做父亲的不要缺席，不能让孩子生活在一个只有偏爱和纵容的家庭环境里，也不能让孩子生活在一个只有责骂和暴力的环境里。父母合作，家庭关系和谐，孩子才会觉得家庭有爱，有包容，有安全感。

二是父母要善于学习。在孩子教育问题上，都是新手，父母即使学了很多理论，但经验是全新的。所以，没有学习，就没有好的教育，也不可能承担起合格父母的角色。对年轻的夫妻来说，刚刚做了父亲和母亲，很多经验都是空白的，甚至给孩子洗澡、给孩子穿衣、给孩子换洗床单都不太会。有些年轻的夫妻还不会做饭，给孩子准备营养套餐的能力就更谈不上了。这怎么办呢？那就去学习，去向其他人讨教，买一些专业的书籍来读一读，甚至参加一些技能培训，提高自己的生活能力，让自己有养育孩子的方法。

三是不要把教育的成见当成金科玉律。很多人动不动就古人说、谁谁谁说，其实最重要的应该是遵守常识。孩子是孩子，父母创造了这个生命，就要有智慧去陪伴和引领。因此，和孩子一起交流，一起沟通，一起进步，一起成长，这是一个常识。给孩子做好每一顿饭，让孩子营养均衡，不挑食，不偏食，这也是常识。所以，与其动不动就背诵古书，就引用教育家的观点，不如脚踏实地去实践，去向生活学习。有的父母从来没有好好翻阅过孩子用过的课本、做过的试卷和读过的课外书，怎么会知道如何去指导孩子的课程学习与课外阅读呢？只会背古书，不会从实践中学习的人，是不会懂得常识的。懂得了常识，父母的教育观念也不会有太大的冲突。

四是不可拔苗助长。父母要按照初级阶段的规律来做，不可因为功利目标而抹杀孩子的天性。有些父母，自以为是专业人士，好像在某一个领域很懂，就认为可以把这个领域的知识拿过来教育孩子。比如，有一位父亲是计算机专业的博士，他让孩子两三岁就学编程。前段时间，网络上就出现了一个极端的案例：一位某名牌大学毕业的数学博士父亲，强制要求六岁的孩子学高数，最后与孩子的母亲发生了激烈冲突。还有一位母亲是文科博士，她让两岁的女儿背古文，学甲骨文。这都是不科学的。之所以家庭教育中有这种比较极端的案例，一般是夫妻缺乏共同的交流，没有很好地探讨，而是只听一方，导致在孩子教育问题上走了极端。因此，父母面对孩子，一定要尊崇天性，而不是傻傻地凭着感觉去教化。

五是幼儿期和童年期最需要亲子阅读、亲子游戏和亲子对话。家庭里父母之间的矛盾和冲突，很多时候是因为一方很少参与教育，另一方不满意，所以发生了冲突。如果父母都积极参与对孩子的养育，一起参与亲子活动，那就很容易化解矛盾和冲突了，而且家庭关系也会变得自然和谐、温馨有爱。曾读到一则新闻：一位父亲长期加班，很少陪伴孩子，导致孩子一方面不理父亲，另一方面又惧怕父亲，甚至都不愿也不敢和父亲说话。这就是缺乏亲子交流的表现。父母只有一起积极参与对孩子的教育和培养，才能赢得孩子的信任和爱。

家庭教育中，父母观念不一致并不可怕，可怕的是两人不合作，不从科学育儿的角度思考问题，不去努力改变自己，让自己更符合做父母的角色。

2　一定要避免丧偶式育儿

《中华人民共和国家庭教育促进法》的出台，无疑更有助于所有父母形成在家庭教育中的共识，提高大家对家庭教育的重视。里面提到的"共同参与，发挥父母双方的作用"更值得思考。在家庭教育中，父母的作用同样重要。父亲和母亲的角色不同，作用不同，价值不同，但一定要一起协作，共同携手，才能形成合力，做好陪伴和引领孩子的工作。丧偶式育儿不科学，也缺乏责任意识，它可能会给家庭教育带来难以估量的损失。

根据我们家育儿的经验，我觉得有四点看法值得分享：

一是对孩子要有耐心。对孩子的教育急不得，不要过早地给孩子施加压力。有的父母，孩子还很小，就让孩子学习各种知识，提前学数学，提前识字，提前学英语……早早地就给孩子安排了各种学习活动，让孩子缺乏足够的玩耍和休息时间。这是不科学的，相当于拔苗助长。

二是教育孩子需要父母同心合力。教育孩子不能仅靠妈妈，爸爸要多参与，而且要扮演重要的角色。有些家庭，父亲在外挣了很多钱，但不管孩子，最后孩子长大了，和父亲有代沟，也有精神上的鸿沟，甚至有的父子像一对仇人。陪伴孩子，引领孩子成长，其实是父母和孩子一起成长。育儿有很多奥妙和窍门，不亲身实践是不会知道的。我在陪伴孩子的过程中写了不少关于家庭教育和育儿的经验性短文，还出了几本书，就是不断学习、实践的结果。

三是指导和鼓励对孩子的帮助更大。父亲不但要适当做些家务，还要在孩子的学习中起指导和鼓励作用。有些父亲发现孩子出了差错或有了问题，不是去帮助孩子，反而责怪孩子，甚至贬低孩子，这样会伤害孩子的自尊，还会让孩子失去信心和勇气。

四是和孩子多沟通。有些父亲工作实在忙碌，或者必须常驻外地，在孩子教育上存在心有余而力不足的情况，那就可以利用电话和孩子沟通。现在微信还有视频功能，这也很节省时间。当然，还可以给孩子写信。这样，孩子也感受到了父亲的关注和爱护。作为父亲，我在家庭教育中虽然没有像我爱人那样操劳，但也尽量做了一些事情，有效地陪伴和指导了孩子。因此，我们家庭里的气氛很和谐，女儿觉得家里特别温暖，有什么事情也愿意和我们说，遇到困难也会向我和爱人求助。因此，避免了父爱在家庭教育中缺席带来的负面影响。对比之下，我认识的一些同事和朋友，由于他们过于重视自己的事业，很少陪伴孩子，因此影响了孩子的学习与成长，有的还出现了比较严重的家庭问题。我个人觉得，无论工作多重要、多忙碌，也要重视家庭，对孩子的教育要用心。

③ 避免电子产品对孩子的负面影响

国家卫健委开展在线访谈解读《中国人群身体活动指南（2021）》。针对其中不同人群的主要推荐建议，中国疾病预防控制中心营养学首席专家赵文华表示，针对2岁及以下儿童，一是每天与看护人进行各种形式的互动式玩耍；二是能独立行走的幼儿每天进行至少180分钟（3小时）的身体活动；三是受限时间每次不超过1小时；四是不建议看各种屏幕。看到这个指南，我觉得它的发布是很有意义的。

那么，父母让2岁以下儿童接触电子产品的原因是什么呢？以我的观察和思考，现在不少父母之所以让幼儿接触各种电子产品，主要有四个原因：一是父母不觉得电子产品对幼儿的视网膜神经会有损害，也不觉得让幼儿接触电子产品并不符合幼儿的成长特点和规律。二是这些父母把电子产品当玩具，认为它和别的玩具一样，是很好玩的，适合幼儿。三是有些父母偷懒，他们发现电子产品能吸引幼儿，所以用其来替代其他的物品，让幼儿安静下来观看，这样可以让自己省力、轻松一些。因为陪幼儿玩玩具，给幼儿读故事和绘本，需要有耐心，也需要动脑筋。当然，这些亲子教育还需要父母多学习，多思考。四是因为不少电子产品在推销时过度宣传，让很多父母误以为这些电子产品是有益的，也能帮助家长育儿。

显然，不单2岁以下的儿童接触电子产品是有害的，2岁以上的幼儿和小学生过多地接触电子产品也不利于身心健康。几年前，我就听到过一件令人伤心的事。一位母亲带着小女儿去上幼儿园，幼儿园给每一位入园的孩子体检，结果那位母亲拿到小女儿的体检单后，当场晕倒在幼儿园门口。为什么？因为体检单上显示，她的小女儿高度近视，达700多度了。这位母亲之前只知道给孩子玩电子游戏、看各种视频，根本不知道这已经让小女儿的视力深受其害。那么，2岁以下儿童接触电子产品有哪些危害呢？我来谈一些看法。

在家庭里，被广泛使用的电子产品主要有：一是电视，观看电视节目，包括动画片；二是电脑，玩电子游戏；三是平板电脑、手机等移动媒体；四是一些专门为幼儿设计的电子产品，比如可以播放儿歌、故事或视频的电子产品和电子有声书。这些电子产品如果过早地给幼儿接触，会造成三个方面的负面影响：一是让幼儿过早和长时间地观看屏幕，会伤害幼儿的视网膜神经，损伤幼儿的视力。现在在幼儿园体检中，发现不少幼儿有色盲、色弱以及近视，也与此有关。二是用电子产品来替代书籍、亲子阅读和亲子游戏，会让幼儿缺乏真正温馨有爱的亲子陪伴，从而产生认知、语言启蒙以及情感上的缺失。三是用简易的工具来替代亲子教育和亲子陪伴，会让父母失去教育的学习力和对孩子的理解，也容易产生家庭问题。尤其是幼儿长大后，可能会出现心理问题，容易过早地出现叛逆和代沟等问题。事实上，根据心理学、生理学和健康医院的研究，人到7岁，神经系统就基本发育完全了，但视网膜神经系统很容易受伤害，过长时间接触电子产品，无疑会伤害视网膜神经并影响视力。

那么，有哪些办法可以避免2岁以下儿童接触各种电子产品呢？我觉得避免婴幼儿接触电子产品，简单的办法有三个：一是尽量不要在家里摆放这些电子产品，尤其是当婴幼儿在场时，家长不要观看电视或玩电脑游戏，更不能主动给孩子观看。二是父母多读点亲子阅读和亲子教育的书籍，学习育儿知识，尤其是跟婴幼儿说话、讲故事、读绘本，教孩子简易游戏的知识和技巧。三是全家人养成良好的生活和学习习惯，尽量多陪伴孩子，和孩子做亲子交流，而不是以电子产品来替代父母的角色。

在我们家，无论是大女儿还是小女儿，在她们小时候，我和爱人都会给孩子读书、讲故事，还会陪孩子一起拼拼图、堆积木、画画等。另外，有时候也会和孩子一起玩捉迷藏等游戏。**一个有爱，有欢笑，有故事，有书籍，还有积木、拼图等玩具的家，是婴幼儿成长的理想环境。**

4 亲子陪伴让孩子身心健康

大女儿13岁时，有一次我和一位熟悉的家长，也算是比较近的邻居交流。这位邻居说："你家闺女现在读初二了，身体非常健康，几乎不生病，乐观向上，学习成绩还很好，我很羡慕。你们是怎么教的呢？"确实，大女儿不但身体好，而且学习也很优秀，在音乐、舞蹈、体育和写作等方面表现都很突出，还被评为北京市西城区、石景山区三好学生和北京市三好学生。

经常有人向我取经，问我是怎么培养女儿的。我仔细一想，似乎也没有很多特别的经验。当然，有一点我感到特别自豪，那就是女儿的身体特别棒！她从上幼儿园到现在，没有上过医院，没有吃过处方药，也从来没有"吊过水"，我的邻居、同事和朋友基本上都不敢相信。她的身体为什么这么棒呢？以下四点经验可能对各位家长有些启发：

第一，给孩子吃营养餐。很多家长简单地认为给孩子吃营养餐，就是喝进口牛奶，吃高蛋白食品，其实不是这样的。女儿小时候，除了给她适当地喝些鲜奶外，每天还会给她煮营养粥。三岁前，每次给她煮粥，我都会在里面加一点切碎的蔬菜或肉末，而且每次都不重样。女儿很爱喝粥。喝营养粥利于消化，而且孩子吃了不重样的蔬菜和肉类，以后就不会挑食了。不过，孩子上小学以后，做营养餐就不只是煮营养粥了，还得做荤素搭配的营养套餐，不但要吃米饭，还要吃面食和西点。

有的父母完全禁止孩子吃零食，我不禁止，反而让女儿品尝超市里几乎能够见到的所有零食。这样一来，她就不会对零食特别感兴趣，更不会偷吃零食了。

第二，每天和孩子一起游戏和运动。与孩子做游戏和运动，不但可以拉近亲子关系，而且会让孩子信任父母。在女儿小时候，我只要在家都会和她一起做游戏和运动。比如，我们会一起堆积木，拼拼图，下跳棋，画画，做手工，捉迷藏，玩猫捉老鼠的游戏，玩老鹰捉小鸡的游戏，带她出去散步以及带她到社区里和别的孩子一起玩耍，等等。每次游戏，都要有耐心，而且要带动孩子参与。另外，每天的运动要尽量让孩子出汗，出汗后让孩子及时喝温水，这样不容易感冒。春天，南方雨水多，和孩子一起游戏时要避免淋雨。冬天，北方外面冷，不适合户外游戏和运动，就可以在家里做游戏和运动。

第三，每天让孩子按时睡觉，保证充足的睡眠。女儿幼儿期时，每天我都要让她睡够10—11个小时。每天晚上8点左右，我和她妈妈就会哄她睡觉。到了小学，每天晚上让她8点半到9点之间入睡。按时睡觉是好的生活习惯，能够保证睡眠充足，这样身体好，精神好，第二天上学也不会早早犯困。有些家长不太注意孩子的睡眠，甚至还让孩子和自己一起熬夜，导致孩子睡眠不足，第二天上课精神不好，就容易注意力不集中。这样时间长了，就会影响专注力，也会影响孩子的正常人际交往和课堂学习。

第四，坚持每天给孩子读书。父母给孩子读书，或者和孩子一起读书，即陪伴孩子读书，就是亲子阅读。我和爱人给女儿读书，不但朗读诗歌，读童话，而且读整本的经典儿童文学作品，时间并不非常固定。有时候是她从幼儿园或小学回家后，有时候是晚餐后，有时候是在周末有空时，一般睡觉前也会给她读书或讲故事。坚持给孩子读书，一方面让孩子爱上阅读，另一方面也是培养亲子关系，融洽家庭氛围，让孩子感受到父母的爱与关注。坚持亲子阅读还有一个不可忽视的作用，就是让孩子快乐。快乐的心情对孩子的身体健康自然有好处。

以上是几点让女儿身体健康的经验。其实，这几点也足以让孩子精神健康，只有身体好，精神好才有保障，而且身体好，人的心态也不会太差。此外，父母与孩子一起做亲子游戏、亲子运动和亲子阅读，本身就是培养孩子好习惯和好行为的途径，也是培养家庭良好氛围和亲子感情的好办法。很多孩子之所以入学后身体弱、习惯不好，难以适应小学的生活与学习，都与父母没有注意以上几点有很大关系。

5 不要做太着急的妈妈

一次，一位妈妈问我："我孩子2岁了，您说上什么培训班好呢？"听了这位家长的话，我感到很惊讶。孩子才2岁，妈妈就这么着急，开始想着给孩子报培训班了。

还有一次，一位妈妈问我："谭老师，我买了很多书给孩子，也天天给孩子读，孩子很爱听。可是，什么时候孩子才能自己读书呢？"我问这位家长："您的孩子多大呢？"家长说："我孩子4岁了。"我立刻对家长说："您的孩子才4岁，很爱听您读书，多好呀。很多爸爸和妈妈希望孩子读小学了还愿意一直听自己讲故事呢。建议您坚持给孩子读书，只要孩子喜欢听您读书，您就坚持读下去。另外，我要提醒的是，给4岁的孩子读书，不要刻意教他认字。等到孩子上了小学，到了中年级，有了一定的识字量和理解力，就可以鼓励孩子自主阅读了。"

这两位妈妈的提问给我留下了深刻的印象，她们的提问也是典型的中国妈妈式的提问。在养育孩子方面，很多妈妈很着急，恨不得自己的孩子很小就能学到各种知识，也恨不得孩子很小就具备考上北大、清华等名牌大学的能力。有一次，在新浪微博上，一位妈妈就私信请我给她的孩子开一个书单，她说最好要包含各门学科知识，同时又能提高孩子的考试成绩。其实，这位妈妈的孩子才上小学三年级。小学中高年级正是培养自主读写能力的关键阶段，为什么妈妈们这么着急呢？

第一，妈妈操心，爸爸缺席。从孩子小时候的吃穿到入学，再到大学后结婚成家，很多妈妈都为孩子操碎了心。妈妈们习惯为孩子操心，甚至替代孩子成长。我们经常能够看到或听到，有些妈妈连孩子恋爱、结婚都是亲自安排的。有些妈妈对孩子的体贴已经到了连洗澡睡觉都要管的地步。有一次，媒体报道了一位妈妈，她儿子已经长大结婚了，她每天晚上还要到儿子房间去看看，还怕儿子把被子蹬了会着凉。还有一位妈妈，儿子结婚生子了，她每周催着儿子回家，和儿子一起睡。这种妈妈培养出来的孩子被称为"妈宝"。"妈宝"式孩子的存在，是一个令人深思的教育现象。

第二，有些妈妈缺乏做智慧母亲的常识、知识与情商。她们对孩子的爱，有的是本能的爱，就像鸟妈妈也爱自己的孩子一样；还有的是习惯性的爱，即看到别的妈妈是怎么做的，她们就怎么对待自己的孩子。比如，现在不少城市里的妈妈，看到别的妈妈陪孩子上辅导班，她也要带孩子上辅导班；看到别的妈妈给孩子买钢琴，她也要给孩子买钢琴，让孩子学钢琴。她不管孩子是否真正喜欢，只是按照别人的做法来对待孩子。其实，每一个孩子都有不同的喜好，每一个孩子都有自己的天性，都有自己的兴趣与潜能。强行给孩子安排学乐器，进兴趣班，其实是替代孩子来学习，这很容易引起孩子的反感，甚至抵制，反而起不到好的作用。有些孩子长大后，一点也不喜欢小时候学过的乐器，也就是这个原因。

第三，很多妈妈缺乏对孩子的理解。有些妈妈以为孩子是她生的，做什么、怎么做都由她说了算。这些妈妈忽视了孩子的尊严与生命价值，也没有站在孩子的角度来处理问题。孩子的确是父母生的，爸爸妈妈在孩子的成长过程中起着不可替代的作用，而且在孩子的监护与培养中家长是权利主体。但这并不意味着父母不需要尊重孩子，不需要理解孩子。我们一方面要担负起养育孩子的责任，另一方面也要用充满智慧的方式来陪伴与引领孩子，给孩子快乐、幸福的童年。

　　事实上，家庭教育不仅仅需要妈妈承担责任，也需要爸爸来承担责任，履行义务。如果爸爸不管孩子，而妈妈过分操心，过多地承担养育孩子的责任，履行养育孩子的义务，也是不对的。那种着急的妈妈是很难给孩子快乐、幸福的童年的。在新浪微博上，有这样一则新闻：

　　　　武汉的徐女士花了12万元为孩子报了17个培优班，她的"着急式"的培优让5岁的儿子成了幼儿园小朋友眼中的"神童"。然而，升入小学后，儿子的厌学情绪越来越明显，成绩不断下滑。这位"着急妈妈"，最近又着急了。

　　看到这样的新闻，我心里真的为这个男孩担忧。徐女士这样的"着急妈妈"可不是一个两个，很多妈妈都是这样的，总是以爱的名义早早地束缚童心，摧毁孩子对成年人的信任。其实，孩子小的时候，父母应该给他们更多自由发展的空间。父母应该多陪孩子一起玩耍和聊天，多给孩子做亲子阅读，多带孩子走进大自然，去看看花草树木，去听听小鸟的叫声，去河边观赏水里的鱼儿。每一个生命的成长，都需要符合自然规律，尽可能地顺应天性。同时，在文化发展上也要讲究科学。如果幼儿时期就给孩子过多的学习负担，催促孩子成长，教育效果可能适得其反。

6 当孩子叛逆时父母该反省

经常听到有些家长抱怨，孩子很叛逆，不听他们的话，甚至与家长对着干。比如，一次在广州做的讲座上，有一位妈妈说，她儿子特别叛逆，爸爸妈妈说什么，他就朝他们相反的方向做事，就是死死地与爸爸妈妈作对。在北京做讲座时，一位爸爸也对我说，他儿子读五年级了，也很叛逆。

一般来说，家长对孩子的叛逆是这样理解的：一是孩子变懒了，不愿意学习与思考，所以父母只要督促，孩子就不爱听。二是孩子受到同学的影响，尤其是班上那些不爱学习、不学好的同学的影响，变坏了。三是孩子的心理出了问题，是不是应该去看心理医生。家长对孩子叛逆的这三种理解，似乎有道理，但有一点是很清楚的，家长把问题造成的原因都归咎于孩子，而没有从他们自身上找原因。也就是说，孩子的叛逆是不是家长造成的呢？或者说，家长自身的素质与家庭教育的方式方法是否存在问题呢？

据我的观察、思考与理解，孩子的叛逆基本上都是家长的教育方式方法错误或者家庭教育缺失造成的。现在，很多家长在教育孩子方面存在几个典型的问题：

第一，不少家长不太管孩子，甚至不管孩子。他们把孩子交给爷爷奶奶或姥姥姥爷看管，完全是以隔代教育来取代家庭教育。这样一来，孩子在缺乏亲子教育、亲子关怀的环境里成长，会出现很多问题。孩子与父母之间缺乏心灵和情感的沟通，父母不理解孩子的心理，尤其是父母漠视孩子在成长过程中出现的问题和困惑。因此，孩子出现恐惧、担忧、不安、沮丧等情绪时，不但缺乏父母的安抚，也得不到父母的心理支持。

第二，不少家长管孩子，要么过分宽松，要么过分严厉。
过分宽松，就容易变成溺爱。父母尽可能地满足孩子的各种要求，孩子要什么，父母就给孩子什么。这种教育方法会让孩子变得没有标准，容易形成自我中心主义。时间长了，孩子就演变成一种自私的心理倾向，甚至会变得骄横跋扈、自私任性，父母都没法管了。过分严厉，父母什么都管，什么都问，孩子没有自我发挥的空间和机会。在完全压抑的环境里成长，孩子会变得怯懦，变得顺从。如果顺从到了一定的地步，就会朝着相反的方向演变，可能转变为暴戾。在现实生活中，如果父母溺爱孩子，孩子通常缺乏良好的生活和学习习惯，一旦进了学校，就不太守纪律：课堂上爱讲小话，爱做小动作，甚至不顾别的同学的感受，做一些让别的同学难堪的事情。在现实生活中，如果父母过于严厉，在孩子面前太强势，孩子一般会变得胆小怕事，甚至到了学校都缺乏安全感，不敢与同学交往，不敢参加集体活动，在课堂上也不愿意主动表现，在集体活动中更难以成为突出的角色。我曾认识一位妈妈，她对儿子管得很严，儿子做什么她都不放心，都要亲自去管。结果，她的儿子胆子很小，小学六年级了都不敢独自乘坐电梯。

第三，不少家长把电视、手机等当作可信任的教育工具。

比如，有不少家长认为看电视，可以学到很多知识，因此鼓励孩子看电视。还有的家长认为给孩子玩手机，可以培养孩子的交往沟通能力，学会适应社会。其实，这样的看法是错误的。电视是娱乐媒介，它大部分的信息传播最终都是为了娱乐。因此，电视内容设计的初衷是为了满足目标群体的娱乐和消费心理。而让孩子过早地接触电视、手机等，不但会影响孩子的学习，还会伤害孩子的视力。现在，社会上已经出现了很多这方面的负面新闻，很多孩子因为沉溺于电子产品而受到伤害。

以上几个问题，在很多家庭中是普遍存在的。这些问题其实就是造成孩子叛逆的直接原因。也就是说，存在以上的问题是家长和孩子之间缺乏正确的亲子交流。父母没有给孩子正确、恰当的教育，而且没有蕴含自己的教育智慧。孩子在成长过程中，尤其是在生活和学习中遇到问题与困惑时，家长不能有效地帮助孩子解决，不能支持学校的正确做法，不能给孩子以正确的支持和引导，孩子就会失去对家长的信任。一旦孩子不信任家长，家长说什么、做什么，孩子都会觉得没有价值和意义，甚至会瞧不起家长。于是，家长与孩子之间就会出现心理鸿沟，并逐渐演变成代沟。

7　听英语歌不是学习英语的最好方法

一次与家长进行交流，一位妈妈说："我经常给女儿听英语歌，为什么她的英语成绩还上不来？"另一位妈妈也说："我家有好多给儿子听的英语歌碟，但他英语学得也不太好。"

听了两位妈妈的话，我对她们说："学英语不能光靠听英语歌，最好的方法就是多读英文短文。另外，最好能把英语课文背诵出来。"

我自己也学过英语，做过翻译，在大学教了七年英语，对如何学英语有一些自己的经验和看法。

中国人学英语，是在母语环境里学第二语言，即第二语言习得。这的确是很有难度的。学任何语言，都需要一个语言环境，所以学英语就需要创造一个英语学习的环境，使自己尽量不要受母语环境的影响。我们从小到大学语文，语文老师刚开始是教我们认字，然后解词、造句，再教我们如何写记叙文、议论文和说明文等。口语交际，语文课基本不用教，因为我们日常生活就是说话，不存在语言环境的问题。但学英语，就得另外营造一个脱离我们日常生活的英语交际环境。

要想让孩子学好英语，在这里我给各位家长分享三点经验：

第一，多阅读。刚开始读一些英语短文，然后慢慢地读长一些的英语文章，逐渐地再读几本英语原著。读原著，有一个很大的好处，就是一本书里一般有不少英语日常生活和考试中会遇到的词汇、句型和语法。

第二，适当地进行英语语言训练。其中，很重要的语言训练，就是练习口语，即英语会话。多动口说，大胆说，很多话就会说了。一般的小学和中学是没有口语训练课的。怎么办？可以参加一些英语角活动，平常在课堂上多表达，敢于用英语回答问题。有条件的学校，如果有外教，就多向外教请教。

第三，提高英语学习的兴趣。在前两点的基础上，利用课余时间听听英语广播，听听英语歌曲，节假日偶尔也可以看看英语电影，以提高英语学习的兴趣，也会增强对英语的感受力和理解力。

但是在生活中，有些家长喜欢让孩子一边写作业，一边听歌。尤其是有些家长片面地认为听英语歌对学英语有好处，就让孩子这么做了。其实，写作业，无论是英语作业，还是其他作业，都需要安静的环境，都需要思考与理解。因此，在写作业时听英语歌会分散注意力，让学习变得没有效率。

另外，在一些寄宿学校，学生晚自习时喜欢戴着耳机，一边听歌，一边写作业。一心不能二用。听歌，就是听歌，就是完全的音乐欣赏与休闲。用听歌来促进学习，尤其是用听英语歌的方法来提高英语学习成绩，不但收效甚微，反而还会养成注意力不集中的不良习惯。

当然，如果英语学习成绩上来了，对英语也很有兴趣了，再听听英语歌，感觉就不一样了。

8 家长要善于与老师沟通

一次，在一个家长群里，一位五年级孩子的妈妈抱怨说："学校老师就是多一事不如少一事！有一次，我孩子的班上开家长会，数学老师当众批评了一个孩子上课特别喜欢讲小话。结果这孩子的爸爸听了觉得丢了面子，回家后把孩子揍了一顿，也训斥孩子给他丢脸。"还有一位家长在群里说："我孩子的老师就是要看她的心情，要看孩子的表现合不合她的要求。老师自己也公开承认，她就是要区别对待学生。"

看到家长的发言，我忍不住插了一句说："老师这样做是不太妥。尤其在家长会上，不要公开点名批评学生。如果哪个学生有问题，可以单独和家长交流。另外，老师对学生还是要尽量呵护，不要完全按自己的标准来要求学生。"一位家长接着我的话说："我孩子以前的英语老师就很不错，教学能力强，人也很有亲和力，可惜调走了。不过，我们做家长的，也要学习，不能光怪老师。"

我们几位的对话引起了群里的讨论，不少家长都参与进来。一位家长说："我孩子的班主任特别好，特别负责，年级组里她是来得最早的、走得最晚的。她带孩子们一起做课外阅读，每星期都会详细地把孩子的情况跟家长反映，每个单元的测试都会给孩子们做总结，私信提醒家长们孩子有哪些不足之处。我们家长都很放心。"另一位家长说："真好！我们家长也要与老师做好沟通，不能只靠老师。"这两位家长的话让我受到了启发，于是我在群里和家长们专门谈了如何与老师沟通。

其实，有时候家长对老师不太理解，甚至老师的有些做法不合家长的意，家长就会很生气。当然，老师要尽量用正确合适的方法来教育学生，但家长与老师的沟通的确是一门艺术。我感觉，要想让孩子学习更加顺利，家长和老师要在以下几个方面做好沟通：

第一，孩子学习遇到问题时，不要把责任先推给老师。尤其不要简单地认为孩子学习不好，是老师教得不好。很多时候，孩子学习不好，是因为在家里没有养成好的生活习惯。比如，有的孩子睡得很晚，睡眠不足，导致第二天上课精神不集中，影响了学习。还有的孩子在家里看电视、玩电脑和手机，不爱读书，学校里的课程当然也很难学得很好。可以说，家长总责怪老师，本身就是不对的。

第二，孩子犯了错误时，不要简单地把责任推到老师身上。有的孩子在学校里喜欢做恶作剧，甚至欺负别的孩子，还有的孩子在学校里有些小偷小摸的行为。这些错误，怎么全是老师的责任呢？做老师的是人，不是神，不是什么问题他都能解决，不是每一个淘气的孩子他都能教育好。尤其是对一些爱犯错误的孩子，老师是很难管理的。家长要把自己的责任承担起来，和老师一起想办法。孩子身上的很多毛病都可以找到原因，都可以找到解决的办法。

第三，家长在家里不要过多地抱怨学校和老师。尤其不要当着孩子的面抱怨老师。有的家长，孩子晚上写作业没有写完，总是怪老师不该布置那么多作业，却没有想一想是不是自己的孩子生活和学习习惯不好。比如，孩子晚上看电视去了，等到要睡觉了，才发现作业没有写完，这能怪老师吗？如果家长让孩子一回家就认真写作业，给孩子一个安静的学习环境，在孩子遇到学习困难时帮助解决，孩子就不会拖拖拉拉了。

　　第四，要学会换位思考，站在老师的角度来思考问题。假如我们家长当老师，是不是就做得比老师好呢？这也是需要思考的。换位思考，就能很好地体谅老师。老师也不是全能的，再加上老师的工作任务重，尤其是班主任工作很累。我们在家教育一个孩子都觉得累，老师们要带几十个学生，工作之繁重可以想象。

　　第五，要积极参加学校组织的活动，支持学校老师的工作。以家长的身份参加学校的活动，不但能更好地了解学校，理解老师，也能形成与老师之间更和谐的关系。我去台湾、香港的一些小学参观、访问，发现那些学校搞活动时总有热心的家长义工，他们有的帮助学校拍照，有的帮助老师做接待，有的到班级给孩子们讲故事，还有的帮助学校管理图书，等等。家长积极参与学校的教育教学，既是协助学校，也是给孩子做榜样，同时也是一种奉献和自我学习。

⑨ 家庭教育要避免的五个问题

记得三四年前，一位北大学霸12年不回家的新闻引起了很多人的关注。有不少人认为这个学霸没有感恩心，还有不少人批评这个学霸的父母在爱的名义下伤害孩子，让这个学霸不愿意回家。说实在话，作为一位父亲，我一方面同情这个学霸，另一方面也理解他的心理状态。我不会简单地认为他12年不回家是不对的。因为根据报道的内容，他每次回家都可能受到伤害，所以何必回家呢？那么，既然出现了这种情况，是不是应该反思家庭教育的问题呢？

去年，一位赴美留学的男生也是几年不回家，引起了网络上的热议。北大学霸和留学生多年不回家，也从侧面反映出中国家庭代际关系的紧张，折射出家庭教育存在不少问题。目前来看，家庭教育有如下五个方面的问题：

第一，隔代教育，过多依赖老人。在农村，很多年轻的父母都外出打工，把孩子交给家里的老人，因此这些孩子也叫"留守儿童"。这些孩子不但缺少父母的陪伴，也无法从文化程度较低和缺少现代教育方法的老人身上得到智慧的教育。在城市，很多年轻的父母要上班，把孩子交给老人，甚至交给保姆，孩子也是在隔代教育中长大。这里面，当然有的原因是客观的，但更多的是主观的原因。不少年轻的父母不愿意带孩子，嫌陪伴孩子太累，他们习惯了过自由自在的生活，因此即使他们下班回到家里，也不太关心孩子。从儿童的成长来看，他们最需要的是亲子陪伴和亲子教育。隔代教育即使温馨有爱，老一辈也没有抚养和培育孙辈的责任和义务。

第二，父母霸道，不尊重孩子。 在我做班主任时，曾遇到过一位学生，她对同学说，她特别恨自己的父母，尤其是恨自己的母亲。和她聊过几次之后，我知道了她家里的基本情况。她的母亲很强势，很霸道，什么都要管。而她的父亲很懦弱，和她母亲的关系也紧张。因此，孩子既得不到母亲的尊重，也得不到父亲的呵护。她小时候学音乐、学绘画、学各种才艺，都是母亲刻意安排的。即使她一点也不喜欢，但只要母亲认为好，她就必须得学。她一点也不喜欢拉小提琴，但母亲一定要她学。她对我说，长大后，她看见小提琴就想吐。

母亲包办一切，连恋爱、婚姻都是母亲安排好的，这样并不一定会带给孩子幸福。有些父亲也很霸道，对儿子过分严厉。最后，儿子叛逆，一直不愿意和父亲来往。生活中这种情况还是很多的。

第三，父母教育方式太传统，封闭孩子。 有些家庭，父母太传统，干什么都要按照老规矩来。拿旧式的那一套来规范孩子的行为，甚至结婚成家了，都要按照老规矩来办事，教育孙子都要按照老规矩，而不是按照现代科学的观念和方法。其实，在家里，不能总是让晚辈按照长辈的老规矩来做事。一些老规矩并不好，也不适合今天的孩子。老一辈也应该向晚辈学习，改变自己。还有的父母，总是凭着老习惯做人做事，容不得孩子有不同的做法，希望孩子规规矩矩，甚至墨守成规。有些家庭，七大姑八大姨组成一个封闭的小圈子，看起来好像亲情浓郁，实际上有时对晚辈来说，这个封闭的亲戚圈是一个沉重的人际交往和个人发展的负担。最可怕的是，封闭的亲戚圈是不能随意摆脱的，谁要是摆脱，众叛亲离不说，而且在老家的口碑都要被这些人用唾沫星子喷坏了。

第四，家庭氛围势利。在中国，不少家庭的人际关系很容易形成一种很势利的氛围。有的年轻人在外面打拼，是很不容易的。如果没有大富大贵，回家就会受到轻视、冷落，有的甚至被人直接认为是无用、没出息的。有些年轻人没有买豪车，没有穿得像大款一样，没有给亲戚上厚礼，就被认为是没本事。有些大学生毕业后没有找到体制内的工作，没有拿到特别体面的工资，亲戚朋友就觉得他没什么本事，甚至会说他的大学白上了。还有的家庭里，父母很虚荣，希望孩子挣大钱，回家能够显摆，给父母挣点面子。其实，父母和亲戚最应该看重的是孩子在外面的健康和快乐。大部分人都是普通人，都要靠上班挣工资，都要一点点来积累财富，都要慢慢打拼才能逐渐过得安稳和幸福。因此，势利的家庭氛围会让在外面读书、工作的孩子从情感上和精神上逐渐远离原来的家庭。

第五，过早和过分地进行感恩教育。中国人讲"感恩"，讲"回报"，也把这个当作传统的美德，不但从小就用"感恩""回报"之类的词汇教育孩子，就是在学校里，也要动不动就进行"感恩教育"。比如，有的小学开展家长活动，就是把家长们召集到校园，在运动场上摆上脸盆，放上热水，让每个小学生给爸爸或妈妈泡脚搓脚，有的爸爸妈妈还感动得哭了。我觉得学校里最需要做的，是把学校变成书香校园，让图书馆配备适合学生读的好书，让学生爱读书、读好书、会读书。而学校老师最应该做的是站好课堂，抓好课堂教学，既让课堂充满趣味，又让孩子学到知识，受到启发。反过来，在很多家庭中，父母动不动就抱怨养育孩子很辛苦，口口声声要孩子记住父母的辛苦，说将来长大了要养父母之类的话。其实，每一个成年人都应该自觉地承担起养育孩子的责任。认真履行做父母的责任和义务，孩子智慧成长，自然就会知道怎么去做人做事。

以上只是家庭教育中五个常见的问题。如果不能避免这些问题的发生，不能改变传统的观念，北大学霸12年不回家的事还会出现，其他问题也还会出现。**如果青少年身上出现问题，不能一味责备和批评青少年，一定要反思原生家庭的教育，反思父母本身的教育缺失**。这里，还要提醒一下，媒体喜欢拿北大、清华等名校的负面新闻说事，那只是为了博眼球。社会上很多事情的发生都是有更多原因的，要尽量客观分析，理性判断。

10 为什么中产阶级家庭的家长反而焦虑

有一次，应上海市徐汇区妇联的邀请，我给家长们做了一个"家庭的作用"的讲座。当然，那次也谈到了"双减"政策实施后学校教育能否解决所有的问题。

"双减"政策落实之前，家长们很焦虑，尤其是城市里中产阶级家庭的家长。因为这些家长大部分是"考一代"出身，即他们大部分是农村或小城镇出身的孩子，后来通过高考，考到了北京、上海、深圳这样的大城市读大学，接受高等教育。最后，来到了大都市里工作，有了比较体面的职业，收入也比较高，成了大都市里的中产阶级。所以，这些中产阶级家庭的家长特别害怕自己的孩子，即"考二代"学习成绩不好，将来因为学历文凭不高，找不到体面的工作，又沦落到大都市里的底层。

因此，"考一代"出身的中产阶级家庭的家长深知学习成绩的重要性，特别在意孩子的学习，都愿意花大价钱去让自己的孩子上名校，进各种课外辅导班。他们都希望自己的孩子变成学霸，希望自己的孩子至少可以考"双一流"这样的名牌大学。在我的周围，这些家长都会为了孩子的学习而去买学区房或租学区房，去报那些高价的甚至是"一对一"课程辅导班。这种状况的出现，无疑与应试教育有关，也和整个社会缺乏一个比较良性的人才上升通道有关。但无论是什么原因，中产阶级家庭的家长的过度焦虑都是不可忽视的。然而，中产阶级家庭的家长们似乎忽视了一个问题，那就是孩子的学习成长问题，不是完全靠花钱买学区房或租学区房、进高价课外辅导班就能解决的。**在孩子的教育与成长过程中，最重要的是激发孩子自我成长的潜能，让他们学会自我成长，智慧成长。**

11 家庭的概念和作用到底是什么

不管社会环境如何，我个人觉得，无论是中产阶级家庭的家长，还是其他阶层家庭的家长，都应该重视做好家庭教育。但是现在有很多人过分地在意外在的条件和原因，不太注意理解家庭的作用。与其花很多钱去争取外部条件，不如花心思去经营好自己的家庭。

有些人不知道家庭的概念，家庭是社会的一个天然的基层细胞，也是社会的最小单元。现代家庭是两代人，即父母和孩子，家庭关系是亲子关系。父母角色既是家庭角色，也是社会角色。社会角色就有社会权利、责任和义务。这也意味着，决定孩子成长的最重要的因素是父母之爱，而孩子成长过程中最重要的环境就是家庭。对孩子来说，在一个健康的家庭环境里享受父母之爱，是孩子的权利，也是父母应担负的责任。

那么，家庭的作用到底是什么呢？

我觉得，首先要认识"家"的功能和作用。家既是一个物理空间、情感空间，也是文化空间。家是生活共同体，也是一个学习共同体。众所周知，儿童教育包括三个方面：学校教育、社会教育和家庭教育。苏联教育家马卡连柯说过："学校是最有力的教育手段，在人的成长过程中发挥着巨大的作用。但儿童教育机构（学校）在时间、数量和深度上都很有限，因而要更重视社会环境对人的影响。"即"人是被整个社会教育着的"。社会中的一切事情，人的整个生活与工作，都成为教育的重要因素。学校教育和社会教育这两个环境，我们家长一般改变不了，但家庭教育这个环境却是可以通过努力改善的。要认识到，**虽然家庭教育和学校教育的职能、功能是不一样的，效果也不一样，但它们的目标是一致的——都是为了孩子成长成才。**

12 家庭教育的条件、原则和内容

做好家庭教育，不是简单地烧饭、做菜、带孩子。在理论上需要尽量满足几个方面的条件：一是保持家庭的完整和团结。夫妻有矛盾要尽量协商解决，不要轻易离婚。夫妻离异对孩子的成长有很大的负面影响。二是多子女的家庭可能更有利于孩子的成长。在这方面，要认识到独生子女教育比多子女家庭教育要困难一些。这大概是一个教育的共识。我国实施独生子女政策的时间比较长，使得很多家庭都是独生子女家庭，很多家长在教育孩子的过程中容易出现溺爱孩子，或者对孩子干涉过多等情况。因此，这样的环境是不利于孩子的成长的。这也是很多家长的无奈。三是做负责任的父母，才能树立父母的威信。四是父母应保持对自己家庭的尊重。做父母的，也要尊重自己的长辈，尊重自己的父母。这样对孩子来说，既是亲情的维系，也是对几代人情感的加深，更是对孩子的情感教育。

　　家庭教育的原则很简单，即掌握好尺度和分寸。家庭要保持一种介于严厉和慈爱之间的和谐。父母要学会在慈爱的口吻中保持严厉，这样才不会因为溺爱孩子而产生很多难以克服的家庭教育问题。

　　那么，家庭教育的内容是什么呢？我认为主要有五个方面：

　　一是家庭游戏，包括亲子游戏和亲子交流。亲子游戏和亲子交流不只是在社区里做游戏活动，还包括在家里一起玩玩具、拼拼图、画画、做家庭运动和读书等等。一个缺乏亲子交流的家庭，孩子既不快乐，也会感到很压抑。

　　二是家庭劳动教育，包括手脑并用的劳动，学会使用某种工具。在劳动教育方面，很多家长忽视了让孩子参与家务劳动。比如包饺子、烤面包等烹饪活动，不只是一种简单的劳动，其实是有一些技术含量的，应该让孩子多参与。另外，还可以让孩子学会使用各种工具，家里配备一个常用的工具修理箱，这样在遇到一些可以在家里解决的维修问题时，就不必请人来修理了。

三是家庭性教育。家庭性教育包括性观念和性别意识的培养，还包括对孩子进行防止被性侵的教育。比如，要告诉孩子不要随便让异性拥抱和抚摸，还要注意和年龄大一点的异性玩耍时要尽量在有人的地方，不要远离人群，更不要在夜间和异性出去玩耍，等等。

四是道德教育。道德教育和好习惯、好行为是合为一体的。一个缺乏良好的习惯和行为的孩子，他的道德意识也难以培养起来。道德教育也包括社会公德教育，在公共场所要讲究公德。一个注重文明礼仪的人，才会受人尊敬。

五是文化习惯和趣味的培养。这方面很重要的一点就是要过读书生活。如果家庭里只有打牌、打游戏等娱乐活动，那将是非常糟糕的。有些家庭，父母喜欢说粗话，甚至有的家长还在孩子面前讲痞话、脏话，这对孩子的负面影响很大。孩子长大了也会说痞话、脏话，甚至并不会觉得羞耻。

总之，对家庭教育我有自己的新理解：不能把家庭生活和社会事业分开。教育子女既是为了国家的未来，也是父母的社会责任。

高质量陪伴孩子，破解家教难题

担忧孩子未来的学习，不如尊重孩子的成长规律

问：谭教授，我很担心孩子的学习，总怕他成绩落后，我该怎么办呢？

答：学习，尤其是进入学校的学习，是孩子成长过程中很长一段时间要认真对待的"主业"。有的家长总想提前学，怕孩子落后。其实，与其担忧孩子未来的学习，不如尊重成长的规律，在成长早期激发孩子内在的成长动力，让孩子拥有适应未来的能力。

智商和情商是变化发展的，家长不要给孩子贴标签

问：谭教授，您认为孩子的智商和情商，哪个更重要？

答：西方最新的心理学研究表明智商的说法不科学，等于把人的智力实体化。其实，实体化的智力是不存在的，也是偏见。人的智力是动态的，只要不断学习与努力，就会有进步与收

获，即努力就会有好的结果。另外，情商也是把人的情感和情绪实体化。所谓情商，就是人的情感适应能力，是人对外部世界和他人的能力的一种理解和接纳。这主要靠沟通和交流，所以要给孩子表达的机会。

问：谭教授，在孩子的小学时期和中学时期，我们应该不应该逼着孩子出成绩？

答：在目前的教育环境下，小学要重视好习惯、好行为和学习自主性的培养。因为小学阶段的学习难度并不大，只要孩子有好的学习习惯，能主动地参与课堂，按时完成作业，一般不会出现成绩跟不上的问题。中学和小学基本一样，但中学的学习更靠理解力，因此要注意培养理解力，而不是简单的记忆力。所以，我建议孩子进入初中后，家长要提醒孩子建立自主学习的意识，要主动完成作业，查漏补缺，把每周的学习任务都及时完成，不要拖到下一周。只要每一个小阶段的学习任务完成好了，期中和期末的考试成绩都不会差的。

专心陪孩子玩游戏，就是培养专注力

问：谭教授，孩子兴趣多，但专注力不够，请问该如何解决呢？

答：我简单回答一下，孩子兴趣多，是很自然的。每个孩子都对新鲜事物有兴趣，他们都有好奇心，都有求知欲。但孩子对很多事情感兴趣，并不意味着父母都要满足他们，得看这件事对孩子是否有正面意义。不能单纯觉得一件事很好玩，就满足孩子的要求。要培养专注力，最好和孩子一起认真完整地做一件事。比如，和孩子一起堆积木时，一定要认真地和孩子一起堆好，不要半途而废。另外，给孩子读书，就要认真读完，要坚持读。不能今天想读就读十来分钟，明天不想读，就不读了。让孩子在一定时间内去专注地做一件事，当孩子把一件事做好时，就容易培养孩子的专注力。如果孩子做一下，就换一个注意点，不够专心，那么即使兴趣点再多，也不利于成长。因此，父母陪伴孩子，要有质量，不能只是一起玩耍，玩得开心、专注点就会有好的效果。

从延迟满足开始，培养孩子的自制力

问：谭教授，请教一下，对孩子的需求延迟满足或是有选择性地、有条件地满足，会不会让孩子觉得大人的爱都是有条件的，觉得自己不被重视呢？

答：不是这样的。如果孩子要什么就给什么，孩子会觉得所有的要求都是无条件的，不需要任何付出，不需要任何承诺，就可以得到。需求延迟满足，不是故意逗孩子，也不是有意提条件，而是告诉孩子要学会节制，也要学会控制自己的情绪。同时，还要告诉孩子，有些要求是无理的，就不应该被满足。

做优秀的人，懂得欣赏自己与他人的长处

问：谭教授好！请问在学校里比较优秀的同学（不仅仅是指学习）会遭到同学嫉妒该怎么处理呢？反之，又该怎么处理呢？

答：我来简单回答一下。第一个问题，如果你的孩子因为优秀被同学嫉妒，在课间交往时受到有些同学的语言刺激，或者有同学结小团体故意疏远你的孩子，那么你让孩子不要急，告诉孩子，优秀的人遭到嫉妒很正常，不要因为别人嫉妒，就害怕做优秀的人，要继续努力成长，对自己有信心。第二个问题，如果你的孩子不够优秀，在学校里可能受老师和同学的关注度比较低，孩子可能会感到失落，在集体里缺乏存在感，也容易失去自信，这时作为家长，你要鼓励孩子认真听课，努力学习，在遇到问题时多向老师和同学请教。这样，孩子就会变得积极向上，也会越来越优秀，更容易赢得同学的肯定和称赞。

问：谭教授，怎样让孩子懂得欣赏别人的长处，学会发自内心地赞美呢？

答：如果孩子不太善于欣赏别人的长处，一是可能有嫉妒心理，二是可能自己也比较优秀，对别人的长处就不太注意。父母应该和孩子探讨这个问题，告诉孩子一方面要向优秀的同学学习，另一方面还要主动赞美别人，肯定别人的优点。当然，我觉得你要鼓励孩子多帮助同学。当同学需要帮助时，尤其

是学习遇到问题时去帮助，会得到更多同学的信任。这样比单纯赞美别人更有价值。另外，鼓励孩子与优秀的同学一起学习、交朋友，即所谓"近朱者赤"，就是这个意思。优秀的同学更容易相处，而且当你的孩子变得优秀了，也会善于发现别人的优点，并对别人的优点发自内心地赞美。

激发孩子内在的成长动力，比具体的能力更重要

问：谭教授，请问如何激发孩子内在的学习动力呢？

答：教育孩子不要总想到培养孩子的学习能力，尤其是不要以知识记忆为目的。幼儿阶段主要是多和孩子一起游戏，一起交流，适当做一些亲子阅读。到了小学阶段，告诉孩子要按时作息，安排好学习生活。同时，要和孩子一起讨论应该怎么去做优秀的学生。这样，就容易激发孩子向上的动力了。

问：请问幼小衔接需要做好哪些准备呢？

答：幼小衔接要注意，幼儿园教育主要是游戏和活动，但小学教学是课程学习，老师要讲课，每个学生要学语文、数学和英语等课程。因此，课程学习和游戏、活动是完全不一样的。课程学习不但要认真听课，还要按时完成作业，所以耐心、定力和好习惯是很重要的。在幼儿园阶段，家长就要注意培养孩子的注意力、专注力和认真按时完成一件事的习惯。也就是说，幼儿园阶段，要注意培养孩子良好的生活习惯，培

养孩子能够在30—50分钟内认真地坐着去做一件事的专注力。

问：在孩子的学习上，是否要有适当的难度和要求呢？

答：其实，学校里的学习都是有难度阶梯的，每学期的课程、作业和考试都是不断增加难度的。家长不必在家庭教育中扮演教师的角色，只要在家里多陪伴和鼓励孩子，让孩子有比较好的读书和写作业的环境，同时多鼓励孩子上进，让孩子更乐观自信一些就可以了。如果家长像老师一样在家里要求孩子，效果将适得其反。

第二辑

如何培养孩子的习惯与品格

用心养育一朵花，灌溉爱与陪伴，芳香自会到来。

相信孩子，耐心培养，收获孩子成长的喜悦。

① 培养孩子三个好习惯

孩子的成长，家庭教育非常重要。很多家长总依赖学校甚至培训机构，不太注重自身的修养，尤其不太注重自我学习和提升，缺乏一些对家庭教育的基本认识。同时，不少家长也不会做父母，不懂得父母这个角色的价值和意义。

我在各地做教育讲座时，很多家长都希望通过我来找到养育孩子的真经，希望有专家给他们开出几味处方药，仿佛吃了就能解决问题，做好家长。

我个人觉得，想培养好孩子，要让孩子有很好的品格，有很好的学习与发展潜质，就一定要注重好习惯的培养。要想让孩子的成长更顺利，家长需要培养孩子三个好习惯：

一是良好的生活习惯。什么是良好的生活习惯呢？简单地说，就是按时睡觉，不睡懒觉，做事认真、守时，讲卫生，在生活中注意礼节，懂得整理自己的房间和物件，等等。在日常生活中，我们经常可以发现有些家长很不注意培养孩子好的生活习惯。比如，在晚上10点的商场里，经常看到有些家长带着孩子在购物；在有些饭店里，大人带着孩子吃饭吃到晚上11点。这样，孩子睡得太晚，第二天早上就起不来。时间一长，孩子就不太适应上学的作息时间了。还有些家长，孩子早上起来，洗脸刷牙都要给孩子安排好，甚至孩子带的书包都要亲自整理。这样一来，孩子怎么能够养成自己动手，自我整理，自我安排、控制的能力呢？有些孩子在家里挑食或偏食，到了学校就不爱吃学校里的午餐。吃不好午餐，不就很可能影响下午的学习吗？因此，家长要注意培养孩子良好的生活习惯，让孩子学会安排自己的生活，控制和管理好自己的时间，规范好自己的言行，变得讲规矩明事理。

二是良好的学习习惯。即上课认真听讲，认真完成作业，遇到问题时及时向老师和同学请教，等等。良好学习习惯的养成，既要学校有好的安排，有老师的引导，还要有家庭的影响和指导，尤其是家长的指导非常重要。孩子在入学前，如果养成了好的生活习惯，会安排自己的生活，有自控力，养成好的学习习惯就很容易。比如，在家里，父母定时给孩子读书，做好亲子阅读，就是一个好的学习习惯养成的教育实践。另外，孩子从学校回到家里，家长给孩子一个安静的读书和写作业的环境，并且鼓励孩子在规定的时间内完成家庭作业，这也是让孩子养成好习惯的教育实践。如果孩子的学习遇到了困难，家长及时鼓励孩子多思考多动脑筋，尽可能地帮助孩子解决问题，不把学习问题拖到第二天，也不把这一周的问题拖到下一周，这样也是值得肯定的。相反，有些孩子在家写作业，家长缺乏督促和指导；孩子学习遇到了问题和困难，从来不想办法鼓励和帮助，家长只是一味地批评指责。这样怎么能让孩子养成好的学习习惯呢？

三是良好的读书习惯。读书不是读课本，也不是只读学习辅导资料，更不是只读游戏漫画书，而是要多读经典名著，多读好的文字书。很多家长，孩子上学了，还天天让孩子看电视，甚至给孩子玩电脑，打电子游戏，还给孩子玩 iPad 和手机。有的家长天真地以为看电视可以学知识，玩电脑可以见世面、开眼界。其实，看电视、玩电脑和电子游戏，不但伤害视力，也容易转移学习注意力，使孩子不能沉下心来认真读书和思考问题。到一些学校做讲座时，我给孩子们讲：只读课本的人顶多算是一个乖学生。如果认真学习课本知识，还读了一些好的课外书，算是一个爱读书的孩子，是一个读者。但要做一个真正的读书人，那就得多读经典著作。尤其是读文学经典，要有审美能力，要有丰富的情感，也要有很强的文字领悟力。多读文学经典，还能学会思考，找到人生的方向。当然，读书要安静，要思考，要有所表达，要动笔写作。那些读了几本书就夸夸其谈的人不算是认真读书的人，也没养成良好的读书习惯。良好的读书习惯与沉静的思考、认真的写作是相结合的。

有了这三个好习惯，孩子的成长一定会更加顺利。不过，孩子要养成这三个好习惯，家长也要有这三个好习惯。在生活中，要注意言传身教，起到示范带动作用。

② 孩子为何学习兴趣不浓

不少家长反映孩子的学习兴趣不浓，他们很着急。有些爸爸妈妈甚至为了让孩子养成良好的学习兴趣，不惜请一对一的家庭教师，但孩子的学习成绩还是没有提高，到底是什么原因呢？

孩子的学习兴趣不浓或不爱学习，大体有以下几个原因：

第一，家庭缺乏好的学习环境。 有的家庭，父母不爱读书，家里也没有什么书，甚至家里一本适合孩子读的书都没有。生活在这种环境里，孩子很难养成好的读书习惯，对学习也没有多少兴趣。有的家庭，家里虽然有书，父母也有一定的文化素养，但父母不会去做亲子阅读，也不知道如何给孩子买书，教孩子读书，更不会陪伴孩子学习。在这样的环境里，孩子的学习能力不会太强，甚至可能影响孩子的学习。还有的家庭，父母都是知识分子，文化程度高，甚至非常重视孩子的读书与学习，但父母的功利心很强，教孩子读书就给孩子读知识类读物，买的书都是一些科普、历史和哲学等书籍，恨不得一下子就把孩子培养成学校课程里门门优秀的学生。父母对孩子的要求太高，给孩子的压力太大，可能会让孩子对学习产生厌倦，甚至抵触父母的指导和要求。

第二，学校缺乏对学生的足够关注。 有些孩子个性强，性格比较独特，学校要关注每一个学生，老师要尽量给每一个学生适当的鼓励与支持。不然的话，有些孩子可能因为被忽视，就会失去对学习的兴趣。现在小学里，学习成绩比较好的大部分是女孩子，很多男孩子学习成绩都不太出色，很难得到老师的认可。这与老师相对喜欢听话的孩子有关。女孩子相对文静一些，男孩子淘气一些，所以女孩子得到的表扬就比男孩子的多。而且，女孩子上课专注一些，男孩子任性、散漫一些，在以记忆性学习为主的小学教育中，男孩子相对缺少考试的优势。这也需要老师认识到这些问题与差异，尽量因材施教，给男孩子和女孩子一样的鼓励与指导。学校里的教育与学习环境越人性化，就越能调动学生的学习积极性。

第三，孩子不爱学习，也要看属于哪一类。有的孩子只是不爱上学，不喜欢学校里的课堂教学与作业，这就得从学校教育里找原因了。如果孩子对任何学习形式都不感兴趣，那就得从家庭里寻找主要原因了。不少家长忙于工作，忙于挣钱，把孩子的教育完全推给学校，不管孩子，没有对孩子的学习生活习惯进行培养。那么，孩子进了学校也很难适应课堂学习、集体学习、自主学习。当然，有的家长对孩子的学习过度关注。比如，有的家长在孩子一两岁时就给孩子读《千字文》《弟子规》之类的文字，孩子很小就受到父母思想禁锢式的教育，或者有些家长在孩子幼儿时就让孩子学数学、认字、拼音，甚至学奥数，等等。这种过度的、提前的教育，让孩子的童心早早地受到限制与遭到压抑，等孩子上了小学就会厌倦学习。因此，家长对孩子教育的忽视或过度关注都是不对的，都容易伤害孩子，使孩子失去对学习的兴趣，对新鲜事物的好奇，对自我的完善。

此外，家长对孩子过分严厉，管得太多，这也是孩子不爱学习、不爱上学的一个重要原因。家长太严厉，孩子的天性无法释放，心理受到压抑，情感很难得到正常的宣泄。孩子的生活、学习的自主选择权、发言权被剥夺，对他们的心灵也会造成伤害。家长对孩子过分严厉，也是对孩子的不信任。不信任孩子，孩子就会感受不到被尊重。没有尊严，人格受到轻视，孩子也容易产生对父母的抵触。

③ 如何培养孩子的学习兴趣

要培养孩子的学习兴趣，让孩子对书本、学校与课堂充满热情，就要注意从三个方面入手：

第一，家庭要营造好的学习环境。 父母要爱读书，爱学习，关心孩子，善于与孩子交流，还要喜欢亲子阅读与亲子游戏。有些家庭，经济条件很好，住的房子装修也很现代豪华，但是家里没有一个像样的书架，即便有书架，摆的也是职场励志书、消遣书和一些工作用的文件夹之类的。如果多购买一些适合孩子读的童书，备一些经典名著，那么对孩子阅读习惯的培养是很有好处的。对于孩子来说，家里随手就可以拿到好书，那么爱读、爱写就不再是神话传说。此外，父母要培养孩子养成有规律的生活与学习习惯。比如，早睡早起，不看电视，不玩电子游戏，尽量鼓励孩子自己解决学习与生活中遇到的问题。

第二，家长与老师多沟通。一旦孩子在学校里学习遇到问题与困难，不要一味责备孩子，要了解情况，想办法和老师配合，一起帮助孩子解决问题与困难。我曾在小学门口亲眼见到一位父亲，他看见孩子从学校里走出来，冲上去就是一巴掌。为什么呢？因为父亲得知孩子考试没考出理想的成绩，很生气，就动手暴打孩子。这样的做法是错误的。父母不能随意打骂孩子，更不能因为一次考试不及格就施加暴力。父母应该关心孩子的学习生活，每天可以通过交谈的方式，了解学校里与班级发生的事情，与孩子分享学习生活。当孩子的学习遇到困难时，要及时提出一些建议。如果孩子考试成绩出了问题，不要急于批评孩子，而是要分析问题，帮助和鼓励孩子自己解决学习上的疑难。

第三，让孩子知道学习是自己的事。在学校里，老师教育孩子"为中华之崛起而读书"，这一点也没错。但家长也要告诉孩子，学习不是为父母和老师学习。读书是成长的一部分，生命的成长不只是年龄增大和身体长高，还有心理的成熟和精神的成长。因此，一个人要学会自我学习，也要明白读书、学习不是成长的全部。当然，家长还要注意分享孩子学习的快乐，包括给孩子讲一讲自己读书的故事和经历，讲一讲自己成长的经历，让孩子受一些生命的启迪。

总之，培养孩子的学习兴趣要自然一些、得体一些、科学一些。不要给孩子太多的压力，不要苛求孩子，也不要溺爱孩子，应该给孩子宽松的成长环境。给孩子自由就是给孩子信任，孩子学会了自我控制，才会学会成长。信任与宽容是人的品德，也是教育智慧。

4 没必要总说"别人家的孩子"

当父母在孩子面前说"别人家的孩子"怎么样时，孩子非常反感，甚至会暴跳如雷。为什么会出现这样的情况呢？

前些日，我从媒体上看到，南方一座城市的一位高一女生离家出走，就是因为她母亲老拿她和邻居家的女孩子做比较。这位母亲天天唠唠叨叨，认为邻居家的女孩子各方面都好，而自己家的女孩则学习不好，既不听话也不懂事。有一次期末考试，女儿考得不好，母亲大声责备女儿说："邻居家的女孩为什么考得那么好，你为什么考得那么差？真没出息！"结果，当天晚上女孩就离家出走了，害得父母到处找，多亏网络上的热心人帮助寻找，才把离家出走的女儿找回家。

可笑的是，这位母亲面对记者的提问还一脸无辜，似乎女儿离家出走不是她的错似的。这位母亲觉得自己责备女儿没有错，可能还觉得孩子就是要给父母训斥和教育的。她不知道，女儿也有人格尊严，尤其是她都是高中生了，即使不说尊严，至少也要面子呀。难道她女儿不想学习好，不想变优秀吗？

青春期，一般也被称为"心理断乳期"，在这一时期父母和孩子之间的沟通和交流是非常必要的。如果父母不能平等地对待孩子，不能尊重孩子的个性和习惯，孩子就很难和父母说心里话，遇到问题也不愿意告诉父母。这时候，家里就会出现严重的"代沟"现象。在做讲座时，和一些家长进行交流，我得到了一个体会。一般父母对孩子很关心、平常相处很融洽的家庭，孩子养成好习惯也更容易，学习也不会太差，性格也会比较开朗。往往是那些不关心孩子日常生活，不顾及孩子成长感受的家长，会让家庭气氛很僵。本来这一阶段的孩子就不愿意听父母的话，再加上父母不注意自己的言行、说话很冲，很伤孩子的自尊心和自信心，这样家庭中的孩子就难以养成好的学习和生活习惯。

其实，**家庭教育是需要智慧的，并不是你生了孩子，就有资格做父母，也并不是你给了孩子足够的物质条件，就有能力做父母**。做父亲做母亲，都要有方法，有智慧，尤其需要有正确的爱。所谓"正确的爱"，一不是溺爱，纵容孩子的坏习惯；二不是打骂孩子，用严厉的方法来压抑孩子；三不是取代孩子的角色，在很多方面越俎代庖，让孩子成为生活中的边缘角色。"正确的爱"是及时对孩子的好习惯、好行为进行肯定和鼓励，关注孩子取得的任何　点点进步。同时，发现孩子有问题或不足时，要帮助他及时解决和改正。还要给孩子独立的生活空间和思想空间，尤其要让他保留自己的私人空间。不要随意去打探孩子的"私事"，要让孩子成为自己生活的主角。

如果你动不动就说"别人家的孩子"怎么样，不但达不到教育和激励孩子的目的，反而会让你的孩子觉得父母缺乏智慧，家庭缺乏爱。这个时候，做父母的还觉得无辜，那就显得十分愚蠢了。希望父母在家庭教育中不要犯这样愚蠢的错误。这样的错误一犯，代价其实很大很大。**青春期是人生最美妙的阶段，细心呵护孩子的青春，用正确的爱来激励孩子，收获的一定是了不起的果实！**

5 告诉孩子什么才是最重要的

多年前，我在新浪微博上看到一条微博，它用了如下八句话告诉孩子什么是重要的：

1. 旅行比上课重要；2. 主见比顺从重要；3. 兴趣比成绩重要；4. 良知比对错重要；5. 幸福比完美重要；6. 信仰比崇拜重要；7. 成长比赢输重要；8. 察己比律人重要。

记得当时这条微博被转载很多，很多人都认同，尤其是一些家长，都认为这八条对孩子来说很重要。但我觉得对这八句话也应该认真理解，不然就容易产生一些片面甚至错误的认识。这里，我想用我自己的方式来解读一下这八句话，免得大家产生一些误读。

"旅行比上课重要。"这句话，初看起来很好，但说得有些片面。旅行自然很好，看风景，长见识，开阔心胸，给孩子提供一些学会为人处世的机会，还可以增强亲子交流。但人的精力是有限的，时间也有限。另外，对大部分家庭来说，做一次旅行要花费一笔不小的开支，可能承担起来很困难。因此，旅行即使比上课还重要，对很多家庭来说也是做不到或很难做到的。但上课的确很重要，上学读书，接受课堂教育，接受比较正规的学校教育是必不可少的。一个文明的人，通常要接受系统的学校教育。而且在学校里，学生不仅仅是学知识，还可以得到多种技能的培养以及综合素质的提高和人格的提升。因此，**不能因为强调旅行重要，就轻视学校教育。每个人都不可低估课堂学习的重要性，更不能反学校教育。**

"主见比顺从重要。"这句话，可以这样来理解：一个人一定要有主见，但当别人的见解是对的，或当别的建议和方案可行的时候，我们如果要想与别人产生好的合作，就得顺从。顺从自然不是一味地屈从，而是在理性判断的基础之上做出正确的选择。不要简单地否定顺从。在一个家庭里，一个集体里，总需要有一定的行动一致性，否则的话就会是一盘散沙。我们期待孩子有主见，是希望他们学会动脑筋，敢于思考，善于选择，而不是做盲从的无能之辈。

　　"兴趣比成绩重要。"在学校里学习功课也好，还是课余时间学习钢琴、舞蹈和绘画等也好，都要培养兴趣。没有兴趣，学习就难以进入状态，而且很难激发孩子的学习潜能。因此，无论是老师还是家长，都要重视对孩子兴趣的培养。不然的话，就等于强迫孩子学习。不过，在学校学习，成绩的确不可小视。学校里每一门功课的学习，都要经过考试的检验。因此，成绩高低是一个衡量学生知识掌握程度的标尺，不可忽视成绩、漠视成绩。在社会上，做任何一件事、一项工作都有成绩的判断。做得好，成绩突出，同事和领导就会肯定你或认可你。如果你毫无成绩，那么人家怎么认可你，怎么服从你，怎么支持你呢？所以，我们既要重视兴趣的培养，还要争取把学习抓好、把工作做好，以优异的成绩赢得别人的尊重。现在应试教育过分强调成绩，让一些家长比较反感，而且孩子们为了成绩而学习，也觉得很累，但这并不意味着兴趣比成绩重要。单有兴趣，什么都爱做，什么都学了一点，却没有一样学得好学得精，是不够的。因此，**无论是家长还是老师，都不能片面强调兴趣，也不能片面强调成绩。**

　　"良知比对错重要。"这句话，也要好好理解，不然的话很多人可能会觉得对错并不重要。其实，一个人如果有良知，就知道什么是对、什么是错，就不会轻易做出有悖常理、违法道德和公共规则的事。可能我们的学校教育，在教会学生认识对与错时的标准有偏差，那是教育本身的方式和内涵有问题。但善于判断对与错，是一个人最基本的人生常识。需要反思的是，在家庭教育里，很多父母总是以自己的判断来代替孩子的判断。那样的话，孩子可能会因为完全听从父母的要求，而失去了自己的判断。在学校里，有时候老师按照统一的规则来约束学生的时候，学生可能会丢失了自己的判断。这时，**学生一定要坚持从善，遵从良知，听从自己内心的声音。**

"幸福比完美重要。"在这八句话里，我最认可的是这一句。中国有句俗话："金无足赤，人无完人。"没有一个人是完美的、无可挑剔的。无论是美貌还是财富，都难以掩盖一个人的缺点。但一个人即使不完美，也要追求幸福。过得幸福，活得开心，人生乐观、豁达、超然一些，会获得更多的机会。作为一个成年人，经历了很多艰难困苦，遭遇了不少坎坷，也算是饱经风霜，但我始终觉得外在的环境再艰苦，内心也一定要强大。内心强大，有韧性，有坚持，有毅力，加上勤奋，是一定能够做出自己的成绩的，且会最终圆梦而幸福。人不可以苛求自己，但一定要尽量过得幸福。当然，幸福也是相对的，并不是家里堆满了金银财宝就会幸福。幸福是一种心态，是一种知足常乐，是一种不苛刻、不苛求、不怨艾、不歹毒。幸福是一种宽容，是一种信心，是一种自我调解，也是一种不断丰富自我的快乐。

"信仰比崇拜重要。"人一定要有信仰，但对孩子来说，信仰的建立首先是需要父母来熏陶的。当然，不能单靠家庭环境，还要靠学校和社会来推动。我的理解是，信仰比崇拜要高一个阶段。童年时、少年时，我们经常会崇拜什么人、喜欢什么物。比如说，不少孩子崇拜名人，喜爱某些作家、歌星、影星等，这是很正常的。特别是在人生的信仰还没有建立之前，我们会很容易崇拜某些人，或者过分相信某些观点和理论。随着见识的人和事增多，读的书增多，阅历深了，理解力、判断力强了，就不会轻易崇拜某些人，也不会轻易相信某些观点和理论了。人生的信仰一定是使人向善向美的。如果你有某种坚定的信仰，却不顾他人利益，甚至伤害他人，可能你信仰的就是某种邪教了。走火入魔，说的就是那种信了邪的人。信了邪，就不会走正道，就会干出伤天害理的事情来。因此，一个人不但要有坚定的信仰，而且要有高尚的情操。有高风亮节，才算是有真正的信仰。

"成长比赢输重要。"我很赞同这句话。现在很多父母在孩子的教育方面很急躁，很功利。自己懒惰不努力，不以亲子教育实践来探索可行的方式方法，却迷信一些毫无科学根据的所谓的"0岁方案"和"天才教育"。还有些人很相信那种"不要输在起跑线上"的谬论。其实，一个孩子只要父母给了他足够的关爱，在学校里得到了老师良好的指导，而且社会环境也给他一定的安全感，他一定不会变差变坏的。孩子出了问题，一定不是孩子的错，而是大人的错。因此，所谓的"输赢观"的确要修正。孩子是成长的生命，在他的童年、少年阶段，父母一定要尽到自己的责任，要尽可能地满足孩子的物质和精神的需要。同时，学校要充分地满足学生学习的需要，让学生在书香校园里得到熏陶，受到激发，从而变得智慧和丰富。

"察己比律人重要。"这句话也值得我们思考。察己，就是要自我反思，敢于自省，发现自己存在的问题和缺点；犯了错误，要立即改正，尽可能地做得更好。律人，就是对别人有要求。在集体生活中，既要察己，也要律人。尤其是领导干部，更要在察己的基础上去律人。其身不正，焉能律人？但对普通群众来说，主要是要察己，即严以律己，宽以待人。现实生活中，有一部分人，对自己要求很低，却总是严格地甚至是苛刻地对待别人，这是不对的。学校里的孩子，最需要做到的就是严以律己。无论是学习还是参加校园文体活动，都要尽量遵守纪律，尊重规则。**一个不守纪律、不讲规则的人，是很难养成良好的生活习惯的，也很难成为集体生活中的合格成员。**

人的成长包括两个方面：一是身体的成长，即生理的成长；二是心灵的成长，即精神的成长。只有这两个成长任务都完成了，才算是真正完善的人。以上这八句话，其实就是告诉孩子们，在心灵成长阶段最重要的是什么。相信我的解读会让家长们和老师们有所感悟，也会让孩子们有所启发。

⑥ 幸福和谐要靠自己还要靠大家

现在社会上有不少家庭出现了问题。比如说，有的家庭是啃老家庭，年轻的夫妻和孩子主要依赖老人，靠老人带孩子、烧饭做菜，甚至还要靠老人的退休金生活。和社区里的人交流后，我发现有的家庭年轻夫妻和长辈之间关系不融洽，不团结合作，不和谐幸福，甚至有的家庭夫妻离婚，孩子孤僻，老人也无法感受晚年的快乐，还有的家庭老人对年轻夫妻要求过多、干涉太多，也造成了家庭不团结、不和谐的现象，等等。

产生这些问题的主要原因是家庭成员之间没有处理好关系，没有找到在家庭中的角色定位，没有把爱的情感真正奉献给对方。家庭成员之间过于计较，一定是因为自私自利，说话和做事都习惯于站在自己的角度。而且这样的家庭，大部分不太参与公益事业，不愿意为大家服务。

说实在的，以上问题在我们家基本上不存在。当然，我们家没有面临来自老人的问题。下面，我来谈谈家庭和谐幸福的秘诀，也算是和大家交流、交心。

一是遵纪守法，讲公德。 每一个家庭成员，都是社会角色。从理论上讲，不爱工作的人，不热爱生活的人，也难以处理好家庭问题，难以在家庭中做好自己应该做的事情。因此，遵纪守法、讲公德，做合格的公民，是家庭和谐之本。

二是家庭和睦、邻里和谐。 夫妻互敬互爱，做父母的关心孩子，是家庭和谐幸福的保证。而且，还要善于处理和邻居的关系，要尽量帮助邻居，关心邻居。"远亲不如近邻"，对邻居冷漠，在遇到困难的时候就会少一份支持。

三是爱岗敬业、诚实守信。 父母都有工作的话，要在孩子面前注意职业形象，注意工作的状态，不能在孩子面前过分地强调工作的困难和压力，尤其不能轻视自己的职业。勤奋的工作和努力的姿态，是真正意义上的言传身教。当然，诚实守信，不贪小便宜，不贪图享受，不贪污腐化，更是一种美好的品格。

四是健康生活、节能环保。过健康的生活，一方面是生活有规律，另一方面是饮食生活要安排得合理，符合孩子身体的成长规律。健康生活、环保生活和绿色生活是相结合的，如果乱扔垃圾、不讲环境卫生，不但对自己和孩子的身体健康不利，也会影响其他人。

五是学习进取、热心公益。现在倡导学习型社会，家庭也要建立学习型家庭。父母要在孩子面前展现出对生活的热爱，对知识的渴望，对文化的尊重。同时，父母也要积极参加社会服务，热心公益事业，有奉献精神。

当然，营造幸福和谐的家庭并非一朝一夕的事情，一定要长期坚持。营造幸福和谐的家庭不能仅仅只顾自己的小家。如果不关心别人、不关心国家大事、不关心集体，那么这样的家庭就是自私的小家庭。我有一个观点，家庭是社会的元素，也是社区最活跃的元素，社区文化建设离不开家庭文化建设。家庭文化应该是和谐文化，与和谐社会的营造是一个道理。而且，家庭和谐要与社会和谐结合起来，才能做到真正的和谐。一句话，营造幸福和谐家庭既要靠自己还要靠大家。

7 走出家庭教育的三个误区

　　我和爱人经常带着孩子参加社区活动，也常和女儿班上的一些家长交流，再加上对身边一些家庭的观察，我发现很多家庭在教育孩子上存在很多问题，尤其是在家庭教育上存在三个误区：

　　第一，以"隔代教育"取代"亲子教育"。所谓"隔代教育"，就是很多家庭里，孩子一生下来年轻的父母就把孩子交给老人照看。老人老了，不能轻松地休息，颐养天年，成了孙子的抚养人。很多年轻的父母，即使工作不忙碌，也不愿意自己带孩子，更不愿意在孩子的教育上用心。这种亲子教育的缺席无论在哪里都很普遍，对孩子的成长十分不利。因为隔代教育无法取代亲子教育，父母对孩子的影响是老人所不能替代的。首先，老人体力不足，在照看孩子的过程中会因为过度劳累而损害身体健康。其次，有些老人往往会溺爱孩子、娇惯孩子，让孩子养成一些不良的生活习惯。再者，老人带孩子还有一个不利的因素，就是他们由于体力不足，无法更好地满足孩子户外运动和游戏的需要。当然，最不可忽视的是，老人这一代的学历层次普遍不高，他们的知识和能力可能很难满足孩子成长的需要。我了解到的几个家庭，孩子很小就近视了，主要原因是父母把孩子交给老人带，老人年龄大，体力不足，不能经常带孩子去社区里做游戏，参加户外活动，只好带着孩子坐在沙发上看电视。时间一长，孩子的视力就下降了，而且天天离不开电视节目。

第二，以"师生关系"取代"亲子关系"。很多年轻的父母，当孩子可以上幼儿园时，他们把孩子送进幼儿园，就把所有的教育责任和希望都寄托在幼儿园老师的身上。当孩子上小学了，把孩子送进学校，就把所有的教育责任和希望又寄托给了小学老师。其实，师生关系无法和亲子关系相比。师生关系再亲密，也只是一种职业关系，不是血肉亲情的关系。一位优秀的老师会关心孩子，尽可能地指导孩子，引领孩子，但他所做的无非是遵守了职业道德和职业准则。老师可以做孩子成长之路上的良师益友，但再好的老师也不能取代父母的角色。如果家长把什么事情都归到老师身上，其实是不理解教师的角色，也没认识到家长的责任。孩子上了幼儿园，或者上了小学、中学，家庭教育依然不可放松。父母依然要关注孩子，关心孩子，要了解孩子在学校的学习、交友状况，要尽量辅导孩子的学习，要十分用心地帮助孩子发现并解决成长与学习中遇到的问题。

第三，物质满足过度，精神陪伴和引领缺失。现在很多家庭，父母在孩子的生活、学习和游玩等各方面都很舍得花钱，却很少陪伴孩子，尤其在情感和精神上的引领不够。甚至有一些父母只能满足孩子的物质需要，不愿意和孩子进行精神上的沟通，更谈不上引导孩子。在我的周围，有的父母一到周末就会开车带孩子去高档餐馆吃好吃的，去郊区游玩，孩子要买什么吃的穿的用的，都愿意掏钱。有的父母，只要有三天假日，他们就会带着孩子去外国旅游，甚至这个月去济州岛，下个月去普吉岛，今年去美洲，明年去欧洲。但这些家庭里的父母却不愿意陪孩子逛逛书店，有时候买了几本书，就抱怨书价太高。有些城市里的家庭，家里有各种高档的家具、电器，甚至有很多玉石珠宝，却没有一个像样的书房或者没有几本适合孩子读的好书。其实，一个文明的家庭，一个有教养的家庭，应该是充满书香的，应该是具有很好的亲子氛围的，而且父母和孩子有很好的心灵沟通。

以上这三个误区，是家庭教育很多问题的根源。如果缺乏足够的科学的充满温情的家庭教育，就会出现很多问题。家庭教育如果不走出这些误区，父母不重视亲子教育，不承担起养育孩子的责任，不扮演好孩子心灵成长和精神成长的引导者的角色，那么新的一代要走向文明和智慧，要变得独立自强富有责任感，是非常困难的。

8 做智慧的父母有什么标准

我经常和社区里、学校里的家长交流，对一些家庭问题进行分析。我能明显感觉到，很多孩子是缺少父爱的。很多家庭，父亲专注于挣钱，起一个经济支柱的作用，但对孩子的心灵成长、价值观的形成影响很小。事实上，父爱是不可缺席的，也是不可替代的。父亲是孩子精神成长的引领者，父爱是儿童成长的精神动力。父爱给孩子快乐，也给孩子幸福。完整的幸福生活，应该是一个和谐的家庭，有坚实的父爱，也有温暖的母爱。我始终认为，有父爱和母爱一起呵护的童年才是幸福的童年，而童年的幸福影响孩子的一生。童年快乐、幸福，孩子长大了，心灵会更饱满，精神会更充实，生活会更快乐。

但无奈的是，现实生活中的确有很多父亲不知道如何爱孩子。他们并不知道如何做父亲，也不会关注孩子的生活，他们更多地活在自己的世界和价值观里。他们虽然与孩子朝夕相处，但心灵并不依靠在一起，情感上没有很多的沟通。发现了这一点，我是很震撼的。作为一名父亲，我觉得自己应该学会做父亲，尽可能更加智慧地爱孩子。所以，女儿出生后，我一直在学习和探索，从各个方面提高自己。

如何做智慧的父母？智慧的父母一定是有标准的。到底哪些才是做智慧父母的标准呢？我想了很多，凭着自己的经验和理解，认为有以下几点：

第一，要做爱学习的父母。爱学习的父母是可敬的，会赢得孩子的信任。很多人做了父母，以为自己是大人，就有了能力和权利教育孩子。其实，做父母，需要很多知识，也需要必要的素质。不学习，就很难胜任这个角色。比如，很多父母不会给孩子做营养餐，只是按照自己的口味来烧饭做菜，这就不一定妥当。吃营养餐的孩子，一般身体会更健康，而且也不会挑食和偏食。又比如，很多父母不会指导孩子学习，也不了解孩子们在学校里学了什么，这些都需要父母的能力跟得上。不然的话，孩子在学习上遇到了问题和困难，父母就无法帮助孩子解决。

第二，会陪伴孩子，也会引领孩子。曾读过两本家教书，是强调父母陪伴的。作者认为陪伴好了，就是好父母。我觉得父母当然要陪伴孩子，但也要引领成长，做孩子的榜样。父母不但在生活习惯养成方面要做孩子的表率，而且在学习、工作方面也要做榜样。所谓言传身教，就是强调父母的引领角色，强调父母对孩子成长的引导作用。有些孩子养成了一些不良的生活习惯，一般都有父母的影子。某种程度上说，孩子身上坏的习惯和品格，都是父母的坏习惯和品格的复制。要记住，父母的缺点，孩子一下子就能学到，但父母的优点、父母的美德，却不是那么容易复制的。所以，从引领孩子成长的这个角度来看，父母要注意修身养性，做好榜样。

第三，让家里弥漫浓浓的亲情和书香。有些家庭，父母和孩子之间缺乏温情，这当然与情感交流不够有关，也与父母的内心不够细腻有关。内心粗糙，会忽视孩子的情感需求。这样的家庭也会显得冷漠。而好书是联结父母和孩子之间最棒的纽带。父母应该有读书意识，应该自觉地给孩子买好书，让家里弥漫浓浓的书香。家里有书，孩子随手就可以拿到好书，不但可以养成爱书、读书的习惯，还会自觉地培养学习、思考的能力。

第四，让孩子学会节制，给孩子自由。正确的爱、智慧的爱，不是溺爱，也不是骄纵。一个过分任性的孩子，一个随心所欲的孩子，一不会有好习惯，二很容易变得很自私，三很难适应集体生活。我在大学教书时，从事学生工作的老师反映，不少大学生很难与同宿舍的同学友好相处，其中很重要的原因就是太自我，太自私。现在很多人不遵守公共规则，在公共场所一点文明礼貌都没有，就与不懂节制、太过任性有很大关系。懂得节制，学会控制自己，做守规矩的人，才会获得真正意义上心灵与人格的自由。

第五，积极发展孩子的兴趣，让孩子对世界充满好奇。孩子们对生活、对大自然、对世界是充满好奇的，而且孩子也对一切新生事物保持好奇与兴趣，这是很有意义的。正是因为有好奇心，他们才可能有探求精神，才可能有求知的愿望，才可能有敢于突破自我的勇气。家长应该尽量满足孩子的好奇心，培养他们对美好的新鲜事物的兴趣，鼓励孩子用自己的方式，理解事物，探索世界。有的家长喜欢安排孩子的一切，孩子们学什么、做什么都要听家长的安排。这样，孩子的兴趣怎么能够真正培养起来呢？孩子的好奇心总得不到满足，不但会失去想象力和创造力，还会失去对父母的信任和依赖。

第六，做智慧的父母，不要打骂孩子。打骂孩子的父母是最无能的。教育孩子如果靠棍棒，靠暴力，靠强权，那是很失败的教育。所谓的"虎爸"和"虎妈"，是绝对不值得学习的。父母与孩子之间是亲子关系，孩子最信任父母，也最爱父母。父母应该以爱来温暖孩子的心，以更加智慧的言行来教育和引导孩子。打骂孩子，既简单又粗暴，似乎有时候可以直接制服孩子，让孩子暂时听话，但不能让孩子从心里服从和佩服。因此，孩子遇到什么问题，甚至犯了错误，父母应该帮助孩子找原因，想办法让孩子解决问题并改正错误。

以上只是我对智慧父母标准的一些看法。与其说是标准，还不如说是我的体验、体会。无论如何，对孩子，我们做父母的一定要有爱，有智慧。如果我们做父母的都不爱孩子，都没有教育孩子的智慧，那么我们还值得他们信任吗？当然，如果我们做父母的都不值得孩子信任了，那孩子还会信任这个世界吗？

最后，我想对所有的父母说三句话：1.每一个小小的生命都有自我成长的智慧和力量。智慧的父母会发现童心，会激发孩子内在的潜能，会点亮孩子智慧的心灵。2.和谐幸福的生活靠自己创造，做智慧的父母，不但是为了孩子，也是为了自己。3.做智慧的父母，要敢于向孩子学习，向童心致敬。信任孩子，也是信任自己。

为了孩子，让我们一起来做智慧的父母吧！

正视孩子的情感需求，树立孩子的自信心

要正视孩子的情感需求

问：请问谭教授，我孩子平时有要求得不到满足的话，就会开始
　　哭闹，说妈妈不爱我了，这种情况要怎么处理比较合适？

答：首先我要提醒你，你已经在溺爱孩子了，而且产生了负作用。
　　要及时调整好自己的教育方法，不要再溺爱和骄纵孩子了。
　　孩子有什么要求，如果一哭闹，你就满足他，以后他会经常
　　使用这一招。而且每次他哭闹时，你就哄着他，用尽量满足
　　的方式表达爱意，这就是骄纵。因此，当孩子哭闹时，你要
　　告诉他，要把想法和要求说出来。如果是合理的想法和要求，
　　妈妈就可以倾听和满足，但如果是不合理的想法和要求，就
　　应该适当进行批评。这样，孩子就不会动不动就哭闹了。

问：孩子平时爱发脾气和使小性子，如何引导？

答：孩子爱发脾气和使小性子会有很多原因。孩子的心理很复杂，
　　很多时候是因为孤独，也可能是害怕，或者是想吸引家长注

意等原因。但你说的这一点，可能是在你们大人带着孩子出门参加活动时孩子爱发脾气和使小性子，这一般是父母宠爱纵容导致的。有不少家长喜欢溺爱孩子，孩子一要小性子就立马满足孩子的要求。日常生活中要告诉孩子一些规矩，不能随意满足孩子的要求，该给时才能给，该做时才能做。这样孩子就不会随意使小性子了。当然，如果孩子只是有点爱撒娇，就不要过分责备。另外，和孩子交流时要多为孩子着想，不要忽视孩子的正常需求，让孩子生活在孤独、恐惧和害怕的环境里。

告诉孩子上学是有难度的

问：小学二年级孩子就想玩不想去学校读书应该怎么办？

答：如果你的孩子不愿意去上学，可能有三个原因：一是可能老师讲课不生动，或者批评了你的孩子，你的孩子对课堂不感兴趣，有受挫感，才不愿意去上学。二是你的孩子每次找借口不上学，你都满足了他的要求，他就越来越想玩，而不想去上学了。三是你的孩子的确没有好的学习习惯，学习不专注，缺乏学习的信心，因此畏惧和逃避上学。一般来说，第二、三种原因是主要的，而且可能是你对孩子的要求较低，比较溺爱孩子，所以孩子才更爱玩耍。学习是有难度的，玩耍不用动脑筋，孩子爱玩是天性。

问：请教谭教授，三年级的孩子平时也很听话，但一到做作业就不认真、拖时间，学习积极性不高，而且对成绩也不在意，应该怎么办？

答：孩子平时很听话，但写作业不认真、拖时间，学习积极性不高，主要有两个原因：一是孩子从一开始就没有养成按时完成作业的习惯，不够专心。二是孩子学习遇到了困难，由于拖欠的作业越来越多，挨老师的批评也会越来越多，考试成绩就会越来越不理想。这样下来，孩子就会对学习失去兴趣。出现以上问题，和家长平时对孩子要求较低有关。一开始就放松，等到出现问题了，才着急，这是家长的普遍心态。所以，一开始就要让孩子认真做事，认真对待学习。家长要有一定的要求，而不是放任不管。为了提高孩子的学习积极性和成绩，要及时和老师沟通，做好家庭监管。同时，也要主动帮助孩子解决在作业中出现的问题，帮助孩子按时完成作业。三年级的学习课程和作业都不难，只要家长愿意帮助，孩子是可以迅速赶上来的。

问：孩子原来挺爱学语文的，后来有几次成绩不好后，就对语文学习好像丧失信心了，应该怎么鼓励他呢？

答：语文成绩不太好，一般是对老师规定的知识点记忆不够。这不是什么大事。小学、中学语文课文比较简单，没什么难度，只要孩子能多读几遍，基本就懂了。估计你的孩子是很少读课文，甚至上课都不专心，或者是语文老师上课吸引不了他。

等孩子放学回家，你问一下孩子的在校情况，有针对性地交流并鼓励他多读课文，理解里面的难词难句，理解课文的内容，然后按时完成作业。这样坚持下来，语文成绩就能提高。

耐心一点，孩子会养成习惯

问：谭教授好！四年级孩子，毛笔字学了5年，写出来还可以，可是钢笔字不好，学校组织的书法考试达不到优。有时语文卷面也因书写扣分。怎样引导孩子真正有审美意识，写一手好字呢？

答：孩子写字，是一个习惯，与耐心有关。并不是练了毛笔字，钢笔字就会写好。因为写钢笔字和写毛笔字是两回事。一般人的学习、考试和工作，用的是钢笔字或签字笔，不会用毛笔字的。如果你为了让孩子写好字，我觉得还是练钢笔字更好一些。练好钢笔字，写作文也会快一点。当然，孩子写作业时，可以给他时间，让他耐心地写。给孩子一个养成写钢笔字习惯的时间，练得多了，自然也就写得更加好看了。

问：谭教授您好，请教一下，五年级学生如何做到快速阅读，又能不遗漏主要信息呢？

答：四、五年级的孩子，应该可以读三四万字的儿童小说了。但我觉得读书不要太快，尤其是课外阅读，一定要在孩子感兴趣的基础上鼓励孩子读最值得读的书。要安静读，耐心读，

细读。小学五年级的学生，语文考试不要求快速阅读，快速
阅读与会读书没有直接关系，读书质量和阅读理解力也不是
快速阅读能培养起来的。家长在指导孩子读书时，关键是要
让孩子爱读书。每次读书时，都能安静、耐心，而且饶有兴
趣，这才是有意义的。读得快，浮光掠影，这样读了，也等
于浪费时间。要让孩子爱上阅读，才有意义。

相信孩子，不必拔苗助长

问：请问谭教授，四年级学生平时考试90分左右，不讨厌学习，
　　但也不会自觉学习，只满足于做完作业，做其他事情也感
　　觉自律性较差，有没有办法改善一下？谢谢！

答：你问的这个问题也是比较典型的。孩子比较乖，成绩也不差，
　　就是学习主动性不够，达不到家长想要的满分或高分。我觉
　　得主要原因在家里：一是父母对孩子要求不太高，没让孩子
　　感觉到学习应该更好一些。二是孩子还缺激励，在学校、班
　　级和家里很少有人夸奖，尤其是在对他的优点的发现上。如
　　果家长总是关注缺点，却很少去找孩子的优点，就很难让孩
　　子有自信心和自强意识。三是孩子在家里的学习环境一般，
　　应该给孩子一个更安静、更利于学习的环境。

问：谭教授，我想问一下，孩子小学四年级就有明显的喜好，
　　偏爱文科。去学生书店，文史哲的书被她一扫而空。然而，

对科普类的书不热衷。奥数书买回来一个题目都不做。目前数学考试在98分以上，科学考试总是100分。我觉得孩子在理科方面只满足于学校所学的知识。我要如何引导孩子对数学等科目也爱好起来呢？谢谢！

答：首先我想要告诉你，你的孩子很优秀，爱读书，成绩又很好，你不必太过着急。小学课外阅读，孩子当然会喜欢儿童文学图书。科普书大部分文字不精美，内容比较枯燥，孩子不喜欢很正常。你不能因此认为孩子偏文科。另外，孩子数学98分，已经很优秀了。如果你认为孩子考到100分才算优秀，那我问你："你每次考试得了满分吗？另外，单位年终考核，也总是得第一吗？"你给孩子读奥数书，算是拔苗助长吧！

引导孩子认识自己并培养荣誉感

问：您好，谭教授，初中生在面对自己很看重的友谊时，因为彼此爱好不同以及其他朋友的加入，其中一方会常常冷战，或是建立新的小团体故意忽视另一方，以这样的方式来表达自己的情绪导致另一方情绪低落，遇到这种情况该怎么帮助孩子疏导呢？

答：你这个问题是比较普遍的。初中生交友的确会遇到一些困惑。请告诉你的孩子，如果有同学有意冷落，首先要想想自己是不是哪个地方做得不好。如果发现自己有不对或不妥的地方，就应该主动向同学道歉或者解释。如果是同学之间的误会，也要找时间和机会解释。当然，如果有同学故意结伙冷落你的孩子，那你应该鼓励孩子去结交更值得信任的朋友。班级里和学校里的同学很多，去主动结交那些值得学习的优秀同学，会更有收获。

问：谭教授，作为家长，我们总是会不经意地给孩子灌输升学的压力，暗示孩子一定要上重点高中，导致孩子很看重自己的成绩和排名。如果考试结果没有达到预期，孩子常会自责，这种情况该怎么办呢？

答：我觉得初、高中就是要面对考试，如果考试都不敢面对，那还怎么上学呢？进了学校，就应该多读书，认真听课，及时完成作业，同时，多向优秀的同学学习。这样才能克服学习困难，因此，作为家长不妨告诉孩子这个观点，不要怕有压力。如果初中生还不能面对考试的压力，那到了高中怎么办呢？此外，人生的求学、工作和生活道路上会遇到很多困难。怕困难，是解决不了困难的。

问：谭教授您好，我家儿子现在读高一，假期沉迷游戏。我想咨询一下您，看看如何引导他从游戏中抽身出来。

答：你把手机收起来，不准他玩游戏即可。很多时候，孩子养成一些不良的习惯，都是因为父母不觉得有多严重，就暂时纵容了。时间一长，不良的习惯就会固化成一种学习与成长的阻碍性力量。那时候，要想彻底解决，就很难了。

如何做好孩子的阅读指导

孩子的精神成长需要好书的滋养，读书不只是为了增长知识，更是让孩子体会阅读的快乐。爱读，会读，就是成长和进步。

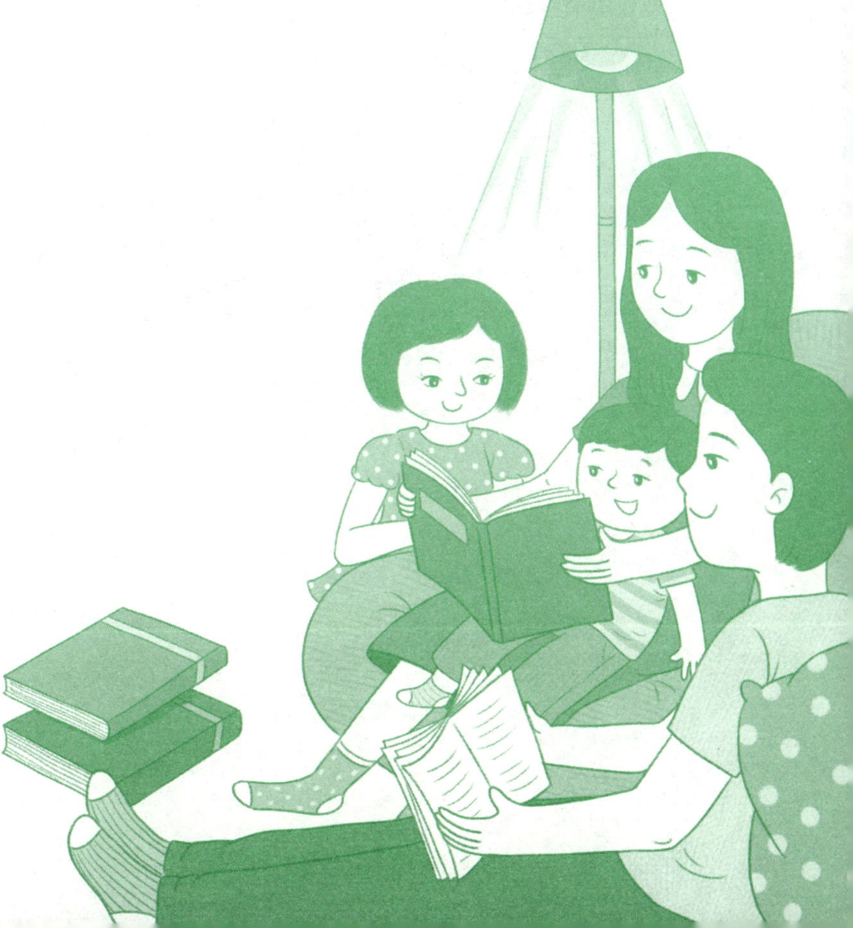

1 家庭阅读要克服哪些偏见

家庭阅读对儿童的成长非常重要。家庭阅读环境会在无形中熏染孩子的心灵，家长爱读书、有良好的阅读习惯，会在无形中引领孩子亲近阅读，学会自我成长。现在，越来越多的家庭开始重视阅读，尤其是亲子阅读。不过，由于社会上各种商业阅读推广活动太多，很多讲座和推广活动客观上起到了卖书的作用，主观上却扰乱了家长们的阅读判断与选择。家庭阅读如何做好，还需要克服一些偏见。

对于阅读，尤其是儿童阅读，很多家长存在偏见。具体表现为：

第一，只给孩子读知识类图书。有些家长认为应该让孩子早点通过阅读来学知识。比如，读科普类图书和益智类图书。这种看法是把读书的目标简化为学知识。其实，读书尤其是阅读经典的文学作品，先是感受、感悟、感动、理解、想象，再到创造。等这一过程完成了，知识自然就习得了。因此，把学知识看成读书的首要目标，是功利的，二说明对读书并不真正理解。或者说，没有读书实践的人，没有体验阅读快乐的人，才会把读书的过程和目标简化。

第二，只习惯给孩子读故事。有些家长认为故事有趣，尤其是寓言故事可以教育孩子。持这种观点和看法的人，也是把读书的目标和价值简化了。他们简单地理解成只有读故事书才能传达他们所需要的教育意义，读故事书才能达到他们所追求的教育目标。事实上，书籍门类丰富，文学经典里也有各种体裁。小说、故事能够传达人类的经验，表现丰富的生活。诗歌、散文等其他作品可以呈现人类的心灵，反映世界的繁复，表现生活的内涵。因此，所有优秀的文学作品都能感动人，熏染人，提升人。

第三，认为读诗没有用。有些家长认为考试也不考诗歌写作，因此家里只让孩子读作文书。其实，诗歌阅读不可忽视。诗短小，讲究语言精练。世界文学作品里，有不少是诗歌，而且文学名家中很多就是诗人。读诗，培养语言敏感性，锻炼理解力，培养想象力。让孩子多读诗，尤其是读一些经典的儿童诗，不但可以丰富孩子的语言感受，提高孩子的阅读兴趣，也会激发孩子的想象力。从理论上来说，如果孩子会写诗，写作文也不会觉得很难了。

第四，认为读课外书没有用。有些家长认为读课外书会影响语文学习。我认识的一些父母，他们从不买课外书给孩子读，更谈不上给孩子订儿童报刊了。他们只给孩子买教辅资料，给孩子报各种培训班。他们认为读书就是要读对考试直接有用的书，其他的书都是没有用的。

如此等等。这些对于家庭阅读的偏见，都是很主观的，而且是经不起推敲的。

② 家庭阅读要坚持的五项原则

　　家庭阅读的场所自然是在家里，看似很随意，但家长给孩子买书，陪伴和引导孩子读书，其实是一件很认真严肃的事。家庭阅读应该坚持五项原则：

　　第一，要给孩子读优质童书。要尽量给孩子读名著、名篇，或者名家的新书。有的家长喜欢从报纸和网络上获取信息，尤其是被各种商业性图书排行榜所吸引，给孩子买的都是最新流行或者被媒体炒作的童书。这样一来，孩子可能一直读不到他们最喜爱的和最适合的优质童书，尤其是世界儿童文学经典。经典是经过时代检验的，也经过很多读者的反复诠释，往往不需要炒作。最新的书籍排行榜上的很多书，还没有经过读者的检验。读流行书，就像赶时髦买衣服一样，消费很痛快，但内心没有什么积淀。

　　第二，阅读要尽量多样化。不要只给孩子读某一种童书，尤其不要因为自己爱读某种书，就只给孩子读某种图书。阅读多样化，就相当于给孩子吃营养套餐，吃多了就不会偏食。现在有不少家长一味地给孩子读绘本，好像绘本就是一切，比什么都好。其实，绘本只是童书的一种，更适合幼儿阅读。它在早期阅读中起到一个铺垫作用，让孩子对书本感兴趣。小学低年级学生读绘本可以，但不能做阅读主食。如果一味地给孩子读绘本，到了小学中高年级，孩子可能对纯文字书就不感兴趣了。孩子的阅读能力无法提高，也会影响读整本书的能力。

　　第三，尽量不要给孩子读拼音读物。拼音读物，只是方便识字，但阅读的目的不是识字，也不是只学知识。小学语文课学拼音的目的，第一是学普通话；第二是认字、查字典。一般来说，拼音读物对小学中年级学生就已经没有吸引力了，但很多家长还是会买拼音读物给孩子读，就是为了偷懒。他们觉得注了拼音，孩子就可以认识书里的字了，可以自己读，就不用家长给孩子读了。

　　第四，要坚持亲子阅读。不要过早地让孩子自主阅读。有些家长，孩子还是幼儿期，就买来一堆童书，让孩子自己读。其实，幼儿阶段的孩子不识字，顶多就是翻翻书、看看图，不会自主阅读。而小学中低年级的孩子，识字量有限，即使识字比较多，但理解能力和自主阅读能力也还不够。这个时期，家长不要放弃亲子阅读，不要一味地让孩子自己读书。

　　第五，不要给孩子读电子书。尤其是幼儿，读电子书，对孩子视力影响很大，甚至会伤害视网膜神经。电子书对小学生也不利。过早地接触电子书，难以让孩子养成好的读书习惯。现在有些家长，无论在家里还是出门旅行，都会带着电子阅读工具，让孩子过早地接触电子书，这样会导致孩子对学习和阅读缺乏真正的耐心，也难以专注地做一件事。

③ 家庭阅读要注意哪些问题

家庭阅读有很多方法和值得实践的经验。有些家长动不动就要咨询专家，其实，主要还应该靠自身去用心实践。我个人觉得，家庭阅读要注意以下几个问题：

第一，给孩子读书，可以选择早晨或睡前。 早晨，阳光灿烂，空气清新，是给孩子读小说、读诗、讲故事的好时机。而睡觉前也是读书、讲故事的好时机，孩子喜欢父母在睡前给他读书、讲故事。在爸爸妈妈读的优美的诗篇、讲的动人的故事中入睡，是多么幸福啊。如果家长是上班族，那么周末也是很好的亲子阅读的时机。

第二，给孩子读书，不要用点读法。 现在流行一种点读法，还有一种点读笔。给孩子读书时，有时候孩子会对某一个图，某一句话产生兴趣与好奇，这时候家长用手指一指、点一点，是可以的。但如果不停地点读，并通过点读来强化识字，这是不妥的。无论是读故事还是读诗文，都需要给孩子提供一个连贯的思维情境。频繁地点读，很容易打断孩子的思维，破坏他对故事的整体把握，甚至会干扰他的思考，进而破坏孩子的专注力。

第三，给孩子读书，不要不停地提问。 家长在读书，而孩子在认真地听，沉浸在故事与诗的情境里时，家长刻意地停顿并提问，等于强行中断孩子的阅读，干扰孩子的思考。提问太多，其实是对孩子理解能力的不信任。如果家长给孩子读书，孩子很愿意听并安静地在听时，就不要刻意提问。当然，如果孩子问家长，那么家长一定要耐心回答，而不是不耐烦或者随意认为孩子的提问很笨。家庭阅读最忌讳的是，家长一听到孩子的提问，就说孩子问得很简单很蠢。

第四，给孩子读书，家长的声音要尽量柔和。亲子阅读也是一种让孩子有安全感的陪伴方式。如果家长态度不亲近，不温和，孩子是不会喜欢听家长读书的，也不愿意和家长一起读书。因此，家长要尽量对孩子有耐心，读书时要自然地展示自己的爱意与关怀。

众所周知，家庭是孩子成长的重要环境，家长是孩子最早的老师。家庭阅读是早期教育最重要的部分，家长的阅读素养、文化品位与教育水平直接决定孩子的未来。"三岁看大，七岁看老"这句俗话不是瞎说的。做好家庭教育，做好家庭阅读，对儿童成长至关重要。

④ 要认识到给孩子读书的六个误区

我在杭州的一个家长群里做了一个关于作文的微信讲座，和家长们讨论了家庭阅读和作文。对于家长们的各种疑惑，我尽量一一作答，满足他们的要求。通过和家长们交流，我发现家长在家庭阅读方面存在六个小误区，这些可能也是当前家庭阅读普遍存在的问题。

第一个误区：只读绘本。绘本，也叫图画书，在早期教育中起到很好的作用，对幼儿的语言启蒙、行为习惯的培养、安全意识和美德教育等方面也起到一定的作用。现在，很多出版社和书商大量引进绘本或做原创绘本，出于营销的目的，有时会片面夸大绘本的阅读价值。因为绘本很好讲读，一般人都可以顺利完成绘本阅读的任务。于是，很多家长就把绘本当成亲子阅读的主要材料并只给孩子读绘本。有些语文老师也一味地要求学生读绘本，在学校开设绘本阅读课。其实，真正的阅读能力是读文字书的能力。只读绘本，不但解决不了阅读问题，还容易患阅读偏食症，而且以后孩子可能还会不习惯，甚至不爱读纯文字书了。

第二个误区：只读流行书。在和家长交流时，我发现有些家长只给孩子读那些冠以"淘气"或"幽默搞笑"等名词的童书，或者其他一些冒险、探险类的流行童书。还有不少家长是按照媒体的童书排行榜来买书的。炒作得越热的书，他们越认为可以给孩子读。大家都知道，有个别流行童书开始卖得特别火，出版社挣了不少钱，但后来被国家新闻出版署禁止发行了，因为它宣扬暴力和死亡，造成了很多负面影响。当然，也有的流行书内容并不坏，或者说内容也还可以，但流行书读多了，很难培养好的阅读趣味和高的阅读品位。流行书是同质化的书，读得再多，也只是消遣。有的流行书的故事的确吸引人，但只读故事，只被情节吸引，文字里缺乏美和诗意，读得再多，也难以培养语言敏感性，更不可能培养思考力和判断力了。

第三个误区：只读某一类书。有的家长给孩子买书，只买知识类读物。比如，有一位家长觉得孩子一定要懂历史，于是给孩子买了一堆类似于《吴姐姐讲历史故事》和《林汉达中国历史故事集》之类的书。还有一位家长喜欢哲学，认为孩子一定要学哲学，于是给二年级的孩子买了一堆哲学书，甚至《西方哲学史》都买来了。也有的家长只给孩子读"四大名著"，认为将来中考、高考要考，并认为"四大名著"是最好的书。这些做法，不能说完全不对。这些家长买的书也许孩子能读懂，也爱读，但就是类别单一，而且很难培养孩子对阅读的兴趣。其实，小学生要多读些好的诗歌、散文、小说、童话等多种门类的童书，在读了儿童文学的基础上加一些历史和哲学类的童书，可能效果会更好。只读某一类书，这是功利性的阅读观，对培养孩子的阅读能力和对文字的信任感是不够的。

第四个误区：一开始就读大部头的书。有一位家长给刚上一年级的孩子买了"四大名著"，还问我《三国演义》和《水浒传》哪个版本好。我对这位家长说："一年级的孩子，认字有限，而且理解力有限，先别给孩子读大部头。等孩子到了五六年级，认字多了，理解力强了，可以适当地在寒暑假读几本长篇小说，甚至读'四大名著'。"还有一位一年级孩子的家长对我说："我买了全套的《哈利·波特》给儿子读，他就是不爱读。是不是《哈利·波特》不好呀？"我说："《哈利·波特》是很优秀的童书，但是一共有七本，每一本都有二十万字。你小学一年级时能读这么厚厚的书吗？"我这么一反问，这位家长很不好意思地说："老师，您说得有道理。现在给孩子读《哈利·波特》的确有些早了。"读书要循序渐进。刚开始读书时，要给孩子读短一点、优美一点、有趣一点的文字；等孩子爱上阅读，也有一定的理解力了，他自然会爱读那些长一些的好书。一开始就给孩子读大部头的书，很容易难住孩子，让孩子在起步阶段就产生阅读受挫感。有些孩子开始读书时，因为爸爸妈妈买的都是大部头的书，他很难看懂和理解书里的诗意和美感，只好盯住情节，结果读了很多却没有消化，只是被故事打发了时间。

第五个误区：跟着别人读书。有些家长看别的家长买什么书，他们也买什么书。还有不少家长，自己几乎不逛书店，没有选过书，也很少去读童书，只是跟着网络上的排行榜和书单来买书。有一位家长反映，跟着几个所谓的"名师"推荐的书单买了一些童书，买回来一读，发现不怎么样；让孩子读，孩子也不怎么喜欢。我觉得要想抓好孩子的阅读，还是要亲自逛书店，自己学会挑书。同时，要和孩子一起分享阅读。读得多了，自然就可以找到自己的标准，也能了解什么才是好的童书。和孩子一起读书、一起挑书，家长自己也会尝到再学习的快乐。

第六个误区：只读书，不思考。有些家长给孩子买书，只管买，舍得花钱，给孩子买的书也挺有质量的，但孩子读书的过程，家长没有参与或者了解。在鼓励孩子读好书，养成读书习惯的同时，家长还要指导他们尽量把书读懂，学会动脑筋思考。有一位家长对我说："谭老师，我给孩子买了几百本书，孩子翻一翻就扔一边了，也不知道有没有效果。"我告诉这位家长，应该抽时间和孩子一起读书，并且和孩子分享读书的体会和快乐，要鼓励孩子多思考。如果只读书不思考，不动脑筋，那么读书就完全成了消遣。为了鼓励孩子读书时用心思考，一要给孩子创造一个安静的读书环境；二要让孩子适当地做笔记，或者写感受，并和父母交流读书的体会。不过，如果孩子每读一本书，家长都要他写读书笔记或读后感，有可能让孩子厌倦读书。所以，鼓励孩子思考性读书，得掌握好一个度，不要逼迫孩子动脑筋。

以上是对给孩子读书存在的误区谈的一些看法。一句话，孩子的精神成长需要读书，家长要学会指导孩子读书、引领孩子读书，还要善于自我学习，不能等待专家开"灵丹妙药"。

⑤ 如何给孩子选书

出去做讲座，经常有人问我，应该如何给孩子选书。看到他们的眼神，我确信他们对于如何选书给孩子读真的有些不知所措。

根据我的了解，不少家长对给孩子读书没概念、没想法，自然对选书也一点办法都没有。其实，只要经常去逛逛书店，买几本书回家读一读，就能知道什么是好书、什么是不太值得去购买和阅读的书了。当然，给孩子买书和选书也是如此。到书店里的童书专柜上多翻一翻、多挑一挑，然后买几本先读一读，就知道自己买的哪一本童书相对质量比较高。而且，经常逛童书专柜的话，就一定可以一眼看出哪些童书印刷精美、质量较高。

说实在话，最初我也不太知道童书的出版情况。做了爸爸后，我开始关注童书，去了解童书出版和儿童文学创作，也主动去北京的王府井新华书店、西单图书大厦的少儿书专区里去看书和选书。多逛了几次，读了不少童书，大体也就了解了童书的出版情况，而且形成了自己对好书的几点判断：

第一，好书，一般印刷品质好。好书，纸张好，印刷也很清晰，不会有错字，错版，以及模糊的色彩等问题。而盗版书，即使是名著的盗版，一看就知道纸张差，排版不精美，甚至字号很小，印刷模糊。

第二，好书，一般作者是有名有姓的。这样的好书，勒口或封底有真实的作者简介。那些东拼西凑的烂书，一般作者信息模糊。我觉得那些不愿意把作者信息公开的书，都不值得信任。作者的身份真实，至少说明作者敢于负责。

第三，好书，校对都非常专业认真。好书，无论是版权页还是内文都不会有明显的错误。有些童书，甚至是一些其他文学类图书，校对很粗糙，里面的错别字都超过了万分之一的差错标准，那就很可能是出版社责任编辑把关不严造成的。

第四，以"某某工作室"名义的"编著"或"译著"，要慎读。为什么呢？因为"工作室"大多是集体创作，缺乏原创精神，也缺乏著作权意识，对真正付出劳动的作者和译者不太尊重。如果在书店里发现了"某某工作室"创作或翻译的一套书，但每一本都有真实的作者或译者姓名，说明每本书都是单个作者分别完成的。这样的书，相对来说值得信任。

第五，对小学生来说，以识字为目的的拼音童书要慎选。拼音童书错误率高，而且没有谁会根据拼音读书。不过，小学一、二年级的孩子可以选择那些具有桥梁书性质的注音童话书。但家长要知道，注音童书中的"注音"是起不到学拼音的作用的，而且读书也不是为了学拼音。

总而言之，家长给孩子选书或者孩子自己选书，都要用心，既要懂一些常识，也要用亲身的阅读实践去提高自己的判断力和选书的标准。如果读书完全靠别人推荐，是不可能爱上阅读的，也不可能培养良好的读写能力。

6 学知识是读书最自然的结果

去成都给一个教师培训班做讲座，主办方临时对我说："谭老师，您能给孩子们讲一堂课吗？"我说："当然可以。"于是，在正式给语文老师做讲座之前，主办方安排了一个班的学生到讲台上来，由我给他们现场讲了一节诗歌课。孩子们很可爱，都是小学三年级的学生。

在开讲之前，我与孩子们交流，问他们读了什么课外书。一连问了五六个孩子，他们的回答让我感到很惊讶，因为他们说出的书名都是《动物百科全书》《十万个为什么》和《海底两万里》等知识类读物，没有一个孩子说他们读过世界儿童文学名著。课后，我在想：为什么孩子们读的都是知识类读物呢？我想了想，无非有两个原因：一是在家里，爸爸妈妈买的书就是知识类读物。二是在学校，可能语文老师推荐他们读的也更多是知识类读物。不然，这些孩子怎么会给我那么整齐的答案呢？

由此，我也想到现在很多家长和语文老师对阅读的一个普遍看法：读书是为了学知识。甚至很多阅读推广人都认为读课外书是为了学知识。读书的确可以学知识，但读书的第一目标不是学知识。如果只是为了学知识而读书，那就变成了功利性阅读，而不是真正意义上的读书。很多家长给孩子买书，首先选择的就是他们认为最有可能提高孩子学习成绩的图书。然后，他们才会选择孩子爱读，也能教育孩子的图书。于是，在孩子的课外阅读中，那些知识类读物，还有那些教育色彩很浓的图书就占了很大比例。还有些家长喜欢买拼音类读物，他们认为拼音类读物可以让孩子学拼音识字，同时也省去了家长给孩子读书的时间。

显然，以上这些对读书的看法和做法都不太正确。**读书，**

尤其是读经典的儿童文学名著，这个过程是感受、感悟、感动、理解，最后才有审美能力的提升、想象力的张扬和创造力的培育。如果一个人读书不是经历了这一过程，就谈不上是真正意义上的读书。如果经历了这一读书过程，知识习得就自然而然地完成了。因此，所谓的读书是为了学知识，其实是要融入整个读书过程中。当一个人经历了整个读书过程，就会自然地达到学知识的目标。如果我们一开始读书，就紧抓里面的知识点，就去学习某方面的知识，那就算是真正的读书，也很难享受到阅读的快乐。就像我们做科研、查资料，是要直接寻找所需要的知识点和信息，但那不是轻松的阅读，不是追求审美愉悦、精神放松的读书。

我觉得在孩子爱读书、对知识渴求的阶段，更不要刻意地过多地给孩子读知识类读物，应该让孩子多读适合他们的世界儿童文学经典。经典是最可靠的，经历了数代读者的检验，而且也符合孩子的阅读趣味，能够激发和培养孩子对文字世界的兴趣。多读经典，能够让孩子爱上阅读，让孩子在阅读中培养理解力、审美力、创造力和想象力，释放自己的性情，最后也能达到长知识、长才干的目的。

7 手机听书真的是读书吗

我的微信好友里有不少是家长，尤其是对孩子教育很上心的妈妈比较多。一天，一位妈妈给我发微信：

> 谭教授，有个问题想向您请教。刚才儿子生好大的气，自己关上门，躲在房间里，原因是他要边听《三国演义》边吃饭。我老公认为这是个容易分心的不良习惯，不让我给手机。以前，我一直给他听的，但最近发现他上课不专心、不认真，所以停止了这种行为。请问，我老公的担心对吗？谢谢！

读到这则微信，我是这样简单回答的：

> 你好！建议吃饭时，一家人就专心吃饭。吃饭是一家人团聚、自然交流的好机会，你和你老公可以和孩子自然交流，可以聊一些家里的事，甚至可以就一些事让孩子发表看法，征求孩子的意见，让孩子觉得自己是家里的一个重要成员，有一种被爸爸妈妈信任的感觉。你们也可以在吃饭时问问孩子在学校里的情况，了解他在学校里的学习和生活动态。当然，语气要和蔼，态度要平等一些，不要动不动就训孩子。吃

饭时，是倾听孩子心声的好时机。

如果吃饭时听书、看电视，尤其是看手机、玩游戏等等，既不利于饮食卫生，也影响食物消化。大家都知道这不是好习惯。**在这一点上，建议家长不要迁就孩子，应该让孩子放下手机，放下其他的事，认真吃饭，细嚼慢咽有利于身体健康**。其实，这位妈妈让孩子用手机听书，看起来是关心孩子，好像也是学知识，但我觉得倒不如给孩子读《三国演义》。然后，妈妈和孩子一起交流阅读《三国演义》的体会。孩子的爸爸不让孩子用手机听书是对的。与其说这是孩子喜欢听书，不如说孩子对手机有依赖。家长要尽量让孩子远离手机，千万不要让孩子迷恋手机。

有不少家长存在一个错误的认识，认为从小给孩子看电视、玩手机，一是可以让孩子通过看电视和玩手机见世面、开眼界、学知识；二是通过看电视和玩手机，孩子不会落伍，不会跟不上时代。其实，电视是一个娱乐消遣工具。电视里大部分的知识是低门槛的，是经不起推敲的。另外，手机是一个交流工具。对大人来说，手机能给生活和工作带来很多便利，但如果孩子迷恋手机，尤其是迷恋手机里面的游戏和视频，那么不但伤害视力，而且也会影响学习。沉迷玩手机的孩子，就不会爱读书，或者没有时间读书和思考。时间一长，不但学习会退步，性格也会有很大变化。根据我的观察，很少看电视、玩手机并喜爱阅读的孩子，学习更加专注，能动能静，性格也会比较开朗。

8 怎样培养孩子的阅读兴趣

一位家长通过微信问我："谭老师，我想请问一下，我孩子现在才读一年级，如果买书回来了，该怎样培养她阅读的兴趣呢？"

看到这个问题，我就知道这位家长根本不知道如何指导孩子读书，也不会转换角色去思考问题。如果这位家长想一想自己小学一年级的时候是否能读懂书店里买回来的书，那就一定不会问我这个问题了。

第一，一年级的孩子自主阅读能力不够。 孩子刚进入小学阶段，识字量少，文字理解力还不够，因此家长即使买的是文字量少的书，也要考虑一下这些书孩子是否能自己读懂。另外，即便孩子有一定的识字量，家长也要给孩子读书。多做亲子阅读，不但可以避免孩子因为读不懂而嫌弃书籍，也会让孩子对书感兴趣。

第二，一年级的孩子最好从图画书过渡到文字书的阅读。 不要再读很低幼的图画书了，尽量少读插图多的书。因为小学阶段以后，每一门课程的课本都是文字书，而且考试也考的是对文字的理解。因此，读文字书是一个重要的标准。当然，为了让孩子对读书感兴趣，就要选择很优质的文字书。比如，世界经典儿童文学作品，一些文字纯美的当代名家创作的童书，都是可以给孩子读的。

　　第三，可以适当地订阅一些适合小学一年级孩子读的儿童杂志和报纸。现在很多少儿报刊都有小学低年级版，可以给孩子订阅一到两份，这样孩子就可以随手翻阅。我所了解到的《儿童文学》《东方少年》《小学生之友》和《童话王国》等杂志，都有小学低年级版。还有一些少儿报纸，也有适合小学一、二年级学生读的版面，比如《农村孩子报》《小学生拼音报》等。

　　当然，要培养孩子的阅读兴趣，不但要注意孩子的文字接受能力和阅读特点，还要了解孩子的读物，懂得如何去选择最合适的书籍和报刊。更重要的是，家长要有热情和耐心去引导孩子读书，并坚持给孩子读书。

9　儿童文学是值得孩子阅读的

　　儿童课外阅读到底应该读什么书呢？每次出门讲座，都有家长这么问我。

　　面对这样的问题，我一般会说："让你的孩子多读点优秀的儿童文学作品吧。"儿童阅读可以有多种选择，童书品种很多，而且每一个品种里都可以挑出优秀的作品。为何要这么强调儿童文学呢？为什么我会把儿童文学作品当作儿童阅读的最好选择呢？这里说四点理由：

　　第一，儿童文学品种很丰富。它包括儿歌、儿童诗、儿童散文、童话、儿童小说、儿童寓言、儿童科幻，还有儿童戏剧和幻想小说，等等。选择儿童文学，就等于选择了一份营养套餐；走进儿童文学，就等于走进了一个大花园。只要愿意去图书馆或者书店就不难发现，世界经典的儿童文学和当代作家写的优秀儿童文学作品品种繁多、琳琅满目，可供选择和阅读的作品实在太多了，完全可以满足所有孩子的课外阅读需要。

第二，儿童文学作品也是最适合孩子阅读的。不少家长和语文老师喜欢让孩子读唐诗、宋词、"四大名著"和其他一些大人的书。这些书当然可以读，但最开始阅读时这些书的语言难度比较大，而且情感表达和思想主题都是成人化的，缺少趣味，不符合孩子的阅读心理，不切合孩子的心灵状态。因此，很多孩子虽然按照家长和老师的要求读了，但并不真正喜欢。或者说，读了这些书以后，语文考试可能有进步，但不一定能很快培养起对文学阅读的兴趣，甚至有的孩子还会因此对文学失去兴趣。因为读这些书是为了符合大人的胃口，而不能满足儿童的好奇心。儿童文学的基本质地，就是幻想和想象的世界，就是为了满足儿童的好奇心和幻想思维。越是经典的儿童文学，离孩子的生活和心灵就越近。

第三，语文课本里有不少课文是儿童文学，或由儿童文学作品改编。要想读出这些作品的思想内涵，理解它们的语言特点并找到作品里的美，家长和老师可以给孩子多读一些儿童文学作品。在自己阅读的过程中也要多加思考，那么就会自然地积累一些儿童文学的知识，学到感悟和欣赏儿童文学的技巧，至少能够抓住儿童文学作品里最有趣的特点和内涵。这样，语文课、阅读课和家庭阅读就可以有机结合，从而提高孩子的阅读能力，提高他们的审美能力，也能张扬他们的想象力，并尽可能地培养他们的创造力。

第四，阅读优秀的儿童文学作品，容易培养孩子对阅读的兴趣和写作能力。我在北京、广州、福州、长春等地的不少小学做过指导，发现让孩子读儿童诗，他们很喜欢，而且能够很快模仿写作；让孩子读童话，他们很快就能写出小故事，尤其是幻想故事。聪明的家长和语文老师善于利用儿童文学作品这一点优势，在给孩子读作品的同时适时鼓励孩子思考，并引导孩子写作。

我小时候就接触过《儿童文学》《小溪流》和《少年文艺》这样的杂志，儿童文学作品深深地吸引了我。后来，我读了不少儿童文学作品，这些儿童文学作品促进了我的成长。在多篇散文里，我都回忆过小时候的阅读经历和故事。经典的、优秀的儿童文学作品是最适合儿童课外阅读的。因此，这些年我利用教学之余选编了多套儿歌、儿童诗、童话、寓言等作品选，就是希望家长多多了解这些作家的优秀作品。同时，也希望家长不要太功利，不要为了考试而给孩子推荐一些他们不喜欢读的书，还是把儿童文学交给孩子吧。**儿童文学就是孩子的文学，是最适合孩子阅读的好材料。**

⑩ 初中生课外该读什么书

经常有家长问我：是否可以给初中生推荐一些课外阅读的书？我给小学生做的讲座偏多，给初中生、高中生做的讲座比较少，自然也就给小学生推荐的图书多一些。因为小学生的考试压力较小，现在小升初也没有排名考试，都是按照学区划片上学。但初中毕业后，就要面临中考，而且中考后要面临高中的选拔。所以，对初中生的课外阅读，不少家长甚至是语文老师都不是很积极，怕影响考试成绩。

但我觉得，课外阅读只要做得好，选择了合适的书，而且养成了好的读书习惯，是不会影响初中生的正常学习和考试成绩的。很多家长和语文老师不知道，如果课外阅读影响了学生的学习，那一般是流行读物，或是坏书。比如，我初中时，港台的言情小说和武侠小说让不少同学迷恋，他们甚至忘记了写作业，还有些同学晚自习也在偷偷读。对于农村学校读书的学生来说，这样的课外阅读是没有好处的。因为以前的农村学生底子较薄，家庭普遍缺乏读书环境，这肯定会影响学习。但现在的学生，要是养成了比较好的作息规律，并且还能经常接触到像经典文学作品这样的好书的话，一般不会被流行读物和坏书所影响。

因此，家长和语文老师没有必要对孩子进行课外阅读有过多的担忧。倒是要注意不要让孩子过多地接触电子书，尤其不要让孩子迷恋电子游戏。如果沉迷于电子游戏，不但课外阅读没有时间，正常的学习也会受到严重影响。很多迷恋于电子游戏的孩子都是付出了巨大的成长代价的。一次，在写作课上，我让学生讲故事，一位男同学就讲自己高中时迷恋电子游戏，导致学习成绩直线下降。他说，现在想起来，当时就像是走火入魔了。如果不是沉迷于电子游戏，他一定会考上更好的大学。

那么，初中生课外阅读到底读哪些书好呢？

第一，初中生可以读一些少儿杂志。我接触和了解过的杂志，最适合初中生读的是《儿童文学》和《少年文艺》(南京)。它们都是文学刊物，里面刊有诗歌、散文、童话和小说等作品，都是作家专门为初中生写的，也刊有一些优秀的中学生作品。对初中生来说，这些作品贴近生活，贴近心灵，而且比较短，内容丰富多彩。另外，《东方少年》和《文学少年》这两份杂志也不错，比较适合初中生课外阅读。一本好的少年文学杂志就像是一本综合性文学图书，也像是一个多种作品的选本。

第二，初中生可以读现代文学经典。初中、高中语文课本里选用了不少现代作家的作品，如鲁迅、朱自清、冰心、郁达夫等人的散文和小说，而且语文考试也会经常考现代作家的作品。因此，家长和语文老师可以购买一些鲁迅、朱自清、郭沫若、丰子恺、叶圣陶、周作人、沈从文、郁达夫、萧红、巴金、徐志摩、艾青、何其芳、冯至、李广田、林海音等人的作品。他们的作品也是比较标准的现代文学，大部分很短小，很适合中学生阅读。尤其是鲁迅的《朝花夕拾》和丰子恺、林海音的作品特别适合初中生阅读，周作人的部分散文也适合初中生阅读。

第三，初中生可以读一些世界文学经典。世界文学经典很多，至少有数百部。一般来说，到了初中，学生有了一定的识字量和理解力，绝大部分名著都可以顺利阅读。但我不建议家长给孩子买大部头的名著，选一些10万字左右的名著读即可。过去我们读中学时，语文课上老师喜欢推荐一些很沉重的苦难文学、现实主义文学作品，而且老师动不动就是"四大名著"，动不动就是《高尔基成长三部曲》和《钢铁是怎样炼成的》等。事实上，世界名著里还有更多优秀的作品。应该让孩子接触更为广阔的文学世界，不要局限于传统的、偏狭的视野，应该把视野打开，把心胸扩展，进入到一个更美更广阔的文学世界里去，这样才会更有审美水平，才会更有判断力。中学时，我接触到了普希金、叶赛宁、席勒、歌德、叶芝、华兹华斯、夸西莫多、泰戈尔等诗人的作品，这些作品对我影响很深。多读世界经典的诗歌作品也能提升中学生的文学素养。

当然，给初中生购书时，家长和语文老师最好自己提前也读一读。这样，和孩子交流也会更加自然、顺畅。与孩子一起读经典，对自己也是成长和进步。

11 家长要正确认识绘本阅读

现在无论是家庭亲子阅读还是幼儿园的阅读，乃至社区和小学校园里的阅读，都推崇绘本。各地涌现了很多绘本阅读推广人，开办了很多绘本阅读馆，形成了一个绘本阅读热。这是一件好事，因为绘本阅读有以下几个方面的优势和好处：

第一，绘本图文合一，文字量少。孩子能通过图画来更好地理解故事，便于家长和老师来操作。一本绘本，即使不认识字的孩子，在家长的带领之下也可以理解故事，甚至形成对一本书的整体认识。

第二，绘本拿在手上，家长并不需要很多专门的知识。只要家长有耐心，就可以轻松地、顺利地和孩子一起阅读。这对很多家长来说，是一个很便利也很节省预备学习时间和精力的阅读选择。

第三，绘本里的图画很精美，几乎每一幅都有独立欣赏的价值。因此，在阅读时很容易被图所吸引，从而把读者引到书本的世界里来。给幼儿读绘本，很容易让通过感觉器官来认知的孩子产生兴趣，并形成对书本的直观的理解。

但绘本阅读也要树立几点认识，不要过分地放大它的阅读价值。

第一，绘本只是童书的一个品种。不要一味强调绘本阅读的好处，尤其不要认为绘本阅读可以取代其他的童书阅读，因此不宜把绘本的价值绝对化。绘本是在阅读初期引领孩子进入童书门槛的一个好的媒介、好的材料，但读别的优质童书同样可以形成良好的阅读习惯，并形成对书籍的认识。

第二，绘本阅读在孩子的教育方面不是万能的。不要以为只有绘本才可以给孩子语言启蒙，才可以培养孩子的好习惯、好行为和好品格。不要以为只有绘本才有很多大师的作品。目前从国外引进的一些绘本，也有不少无论是文字还是绘画都很一般的。不加区别地阅读绘本，会浪费时间，也会浪费更多提升阅读能力的机会。

第三，绘本阅读不能取代全文字书阅读。再好的绘本也只能承载它的文本所能承担的价值，过分夸大它的文本内容和阅读价值是不科学的。每一种优质的童书，不管是绘本还是别的品种的童书，都有自身的价值，也有自身的不足。儿童阅读要讲科学，要尽可能给孩子展示更丰富的童书世界，让他们真正走进文字的殿堂。

12 如何引导孩子进行绘本阅读

其实，在实际阅读过程中很多家长并不完全知道如何阅读和利用绘本。在这里，我想就绘本阅读谈四点看法：

第一，绘本不是用来识字的。虽然绘本有可能让孩子通过阅读不自觉地认字，甚至学习绘画，但很多绘本是从国外引进的，因为翻译的原因，很多文字可能达不到原文的优美度，因此以绘本故事作为文字学习的蓝本并不十分可靠。建议家长在给孩子读绘本时，尽量利用故事，利用图画，而不是在认字和造句上下功夫。当然，翻译质量高的绘本，文字比较好，生动活泼，也符合汉语规范，那就可以无形中起到语言启蒙的效果。

　　第二，绘本故事主要有童话和生活故事两类。这两类绘本都需要读者真正理解故事，引领孩子享受故事的乐趣，从故事里获得一些对生活、对人、对大自然、对世界的一些认知。对那些有很好的童书素养的家长来说，有的绘本故事可用来创作家庭亲子剧，还可用来作为父母学习讲述故事的蓝本或者一个系列故事的第一篇。

　　第三，绘本阅读要和其他优质童书阅读结合起来。如果只读绘本，从幼儿一直读到小学，那么孩子有可能形成绘本偏食症。阅读最终是要引领孩子亲近文字世界，对文字世界有信任感并喜爱读书，一味地、过分地读绘本，就可能难以形成孩子这方面的能力，最终达不到阅读的目的。

　　第四，不要用点读法读绘本。点读法看似很科学，其实会干扰孩子的阅读，影响孩子对故事整体的理解。点读法是那种急于让孩子认字的家长所认可的方法。其实，读绘本，主要是享受故事的乐趣。当然，也不宜过早地读英语绘本。在汉语启蒙阶段就进入双语空间，增加了阅读的负担。

　　总之，绘本阅读是亲子阅读的一部分，它也是社区阅读和校园阅读的有机组成部分，但不可片面强调，更不要只认可绘本而排斥其他的优质童书。

13 为何要让孩子读诗

20世纪初以来，现代儿童文学开始进入儿童教育和家庭教育的视野。无论民国时期的国语教育还是现在的语文教育，教材里都收录了不少儿童诗。儿童诗成为亲子阅读的好选择，也在学校教育中扮演着不可忽视的角色。

儿童诗，既属于新诗，也属于现代儿童文学。从五四运动以来，有不少诗人专门给孩子写诗，写出了不少很优秀的儿童诗。其实，儿童诗是很适合孩子读的。但很多家长和语文老师很少给孩子推荐诗集，在班级阅读和家庭阅读中也很少选择诗。为什么呢？我想，无非有三个原因：

第一，世界文学名著里，诗集比较少。很多家长和老师不太了解著名的诗人和他们的作品。第二，儿童文学名著里，也很少有人把儿童诗集列进来。第三，语文课本里选了不少诗，但考试一般只考古诗词，不考新诗和外国翻译诗歌，高考作文一般也不提倡写诗。

其实，读诗有很多好处。我来谈一谈读诗的四点好处：

第一，诗歌语言很简练。读诗读得多，对语言更敏感，会更善于用简练的语言来描述世界，来表达内心。

第二，好的诗里，一定有很美的意象或意境。这都是诗人想象力的结晶，读懂了，就等于读懂了语言的奥妙。所以，读诗多的人不但想象力丰富，而且很善于组装文字并有很好的理解力。

第三，相比小说、童话，诗是一种特殊的语言。它不讲故事，也能传达人的情感并很容易让人记得住。这就是诗的语言的魅力。

第四，读诗可以更好地学好语文。语文教材里有诗，虽然考试时并不怎么考诗，而且中考、高考也不考诗歌写作，但诗是语文的一部分。要想真正理解文学，不能仅仅读小说；要想真正学好语文，不能不读诗。

无论是大人还是孩子，多读诗，读好诗，一定能够享受语言之美，一定能够感受语言的奇妙！

14 孩子到底应该怎么读诗

这十来年，为了满足孩子课外读诗和学校诗教的需要，我选编了多部儿童诗集，陆续在北京少年儿童出版社、人民文学出版社、河北少年儿童出版社和福建少年儿童出版社等多家出版社出版，我本人也创作了八部儿童诗集在重庆出版社、新世界出版社、黑龙江少年儿童出版社、漓江出版社等多家出版社出版，受到了广大家长和语文老师的欢迎，也激发了数以万计的孩子的读诗热情。

那么，孩子到底应该怎么读诗呢？下面我来谈三点看法：

第一，要读懂诗里的修辞，看看诗里玩了什么语言花招。 如我写的《瀑布》：

瀑　布

瀑布长长的

像夏天的汗巾

大山哥哥

将它搭在宽厚的肩上

瀑布白白的

因为森林姐姐

把它洗得干干净净

这首诗里，就用了比喻和拟人的手法。发现了这两个修辞，就可以模仿用在自己的写作里。一般比较好的诗，都会用比喻、拟人、对比、排比、通感、象征等修辞。不用修辞，诗是很难写好的。修辞是语言技法，用得越灵活、越顺手、越自然，诗人的水平也越高。

第二，要读懂诗里的意象，找到诗里的中心意象是哪一个。 一般抓住了意象，就等于读出了诗里的味道，因为意象里面都是有美与情感的。没有意象，诗的语言就没有味道，也不美。如舒婷的诗《会唱歌的鸢尾花》：

会唱歌的鸢尾花（节选）

现在我可以做梦了吗

雪地。大森林

古老的风铃和斜塔

我可以要一株真正的圣诞树吗

上面挂满

溜冰鞋、神笛和童话

焰火、喷泉般炫耀欢乐

我可以大笑着在街道上奔跑吗

这首诗的中心意象，不是梦，不是森林，不是雪地，也不是圣诞树，而是"我"——一个快乐的孩子，想做梦、想大笑着在大街上奔跑的孩子。正是因为诗里有这么一个可爱的孩子，才显得天真烂漫、童心洋溢。

第三，要读懂诗里的意趣、意境和情调。如叶圣陶的《小小的船》，可以说是家喻户晓，但很多人并不真正理解这首诗。有的语文老师把它当作写景抒情诗，认为它的中心意象是月亮、小船。其实，它的中心意象是"我"。这是一首儿童生活诗，描绘的是一个顽皮淘气的男孩坐在船上玩水的画面，诗里弥漫的是童年的快乐、儿童生活的趣味。如我写的《春天有一首诗》：

春天有一首诗

吹到暖和的风

心情特别好

见到树上的花苞

嘴角忍不住笑

站在山顶上

和云朵儿比比高

在原野上疯疯跑

不怕你把头摇

春天有一首诗

去孩子的瞳仁里找

这首诗里面美的是一种情调，是春天来了人的一种愉悦和欣喜。当然，这首诗里还有一种对孩子的纯美的认可。读出了诗里的情调、诗里的情绪和诗里的意境，就等于进入了角色，进入了情境，感受到氛围，品到了意蕴。

以上是我就如何读诗谈的几点看法，希望对小读者读诗有用。

⑮ 课外阅读要向经典致敬

　　出去给孩子做讲座，或者是给家长和老师做讲座，总会有人请我给孩子开一个书单。如果时间比较充裕，可以充分和读者、听众交流，一般来说我会耐心地讲一讲读书的故事，甚至给他们举几个读书的例子。如果时间比较紧，不能多交流，我就会简单地告诉他们：给孩子读经典，尤其要读世界儿童文学经典。市面上有很多国外的儿童文学经典，而且经典就是那些本，一找就能找到。

　　对儿童来说，我一直主张给他们读经典，尤其是儿童文学经典。童年的阅读，是最初接触的语文，而最初接触到的文字，一定是经得起推敲和品味的文字。**什么样的文字才是最值得阅读的呢？据我对经典阅读的经验，它们无非两类：一是朴素真情的文字，二是优美迷人的文字**。前者通常很真诚，来自生活，亲切感人，给读者以情感的慰藉；后者通常讲修辞，讲文采，很有书卷味，有优雅的质地，很符合读者审美的需要。我在写作时就很注意使用这两类文字，尽量使自己的文字也达到这样的标准。当然，给儿童推荐读物时，我会经常提醒家长和语文老师，尽量让经典滋润童心。

　　但在现实生活中，很多人出于各种原因，更愿意相信流行读物，更愿意被各种排行榜所左右。大家都知道，每年到了"六一"国际儿童节，各种媒体都会发布一些名家推荐，或者一些儿童图书排行榜。尤其是每年的全国图书博览会或全国图书订货会，一些出版机构与文化公司都会发布一些排行榜。有些名家推荐或排行榜，看起来是为了孩子，是推广阅读，但其实质是图书营销活动，是主办方在经济利益驱动下为了推销图书。那是市场行为，不是教育行为，也不是文化行为。

其实，**读了经典，内心就会有文字的标尺，就知道什么样的作品才值得我们信任与依赖。**阅读养心，朴素或优美的文字会让人安静，让人思考。这使我想起我的女儿。在她的童年，家里到处都是书，我和爱人也会给她读经典。因此，当她有了自主阅读的能力时她就对一般的流行读物不感兴趣了。当别的孩子还在迷恋看电视时，她已经对电视节目不感兴趣了。因为她已经尝到了阅读经典的乐趣，不会被电视节目轻易吸引。我曾对小读者说过：多读好书吧，让心灵安静下来。不读好书，不接受朴素真情或优美迷人的文字的熏陶，心灵是很难安静的，也容易变得粗糙。

有一次，一位读者问我："怎样才能写出好作品呢？有什么捷径吗？"我对他说："写作没有捷径。但阅读经典，会让你的心灵丰富并安静。当你的心灵安静下来的时候，美的文字会来拜访你的。"是的，童年时期是奠基之时，童年的课外阅读一定要向经典致敬。

16 少儿刊物有哪些类型

　　大家可能没注意到，所有的童书推广活动里都缺乏对少儿刊物和报纸的推荐。儿童课外阅读，当然以书籍阅读为主，但也不可忽视读报纸、读刊物。我国有400多家少儿报刊，它们与童书一样，都是专门为儿童准备的精神食粮。而且，少儿报纸和刊物都有自己的特点。它们和童书虽然都属于儿童读物，但内容及表现形式是不一样的。

　　先来说一下少儿刊物的类型。我国有影响的少儿刊物不少，它们大体有儿童文学刊物、综合性刊物、专业性刊物、作文刊物、文摘类刊物和幼儿刊物等多种类型。不同类型的刊物，内容设计不同，读者对象不同，组稿编辑的风格也不同。比如，《儿童文学》《少年文艺》《文学少年》《童话王国》《少年诗刊》和《童话世界》等刊物，主要刊登儿童文学作品，属于少儿文学刊物。这类刊物主要满足儿童对文学阅读的需要。另外，它们对儿童的课外写作也具有很好的启发性和引导性。读少儿文学刊物，不但可以了解儿童文学的情况，还容易培养儿童对文学的兴趣。

　　我小时候就特别喜欢读《儿童文学》和《少年文艺》这两份刊物，上面的小诗、童话、儿童小说和散文很吸引我，使我很小就爱上了文学，对写作产生了浓厚的兴趣。少儿文学刊物也适合家长和语文老师阅读。对那些儿童文学爱好者来说，也是难得的创作指南。很多著名作家的成长经历，一般都与他们小时候受到一份刊物的熏陶和影响有关。因此，从童年的文学熏陶和创作启蒙来看，不可忽视对少儿文学刊物的订阅。

《少年时代》《小葵花》《红蕾》《少年月刊》和《儿童大世界》这样的刊物属于综合性少儿刊物，它们不单纯发表文学作品，还开设了科普栏目、校园生活、趣味漫画、儿童习作等栏目。也有的少儿综合刊物还有少先队活动资讯，因为不少面向少儿的刊物都是团组织主管的。我也熟悉《小学生导刊》和《小学生之友》这两份刊物，它们的栏目很丰富，其中也包括了儿童文学栏目。编辑会约请一些优秀儿童文学作家为儿童读者写专栏。我就应约给《小学生之友》和《少年月刊》写过科学童话、儿童诗专栏，还给《少年时代》写过系列儿童散文。另外，少儿刊物里还有《我们爱科学》《少年科学》《知识就是力量》等儿童科普刊物。这些刊物也带有综合性质，里面的知识点涵盖比较宽。但也有和综合性刊物不一样的地方，就是专业性比较强，是定位为儿童科学知识普及的刊物。因此，也可称为专业性少儿刊物。

还有一类作文刊物，如《作文通讯》《小学生作文》《初中生作文》等。这些刊物一看名字就知道它们主要刊登儿童习作，当然也会约请一些知名的语文教师和作家对小学生习作进行点评，或者开设名家教作文的专栏。我就应约给多家作文刊物写过《谭叔叔教作文》《谭教授教作文》和《作文十二课》之类的专栏，很受欢迎。我的《作文小论》和《作文课：让创意改变作文》这两本书就是这些作文指导专栏文章的结集。因为针对性、指导性很强，出版后很受儿童读者欢迎，不少语文教师还拿来做备课资料。在作文类刊物里，《小星星作文100分》这份刊物的特点很明显，它开设了儿童阅读栏目，里面有儿童文学作家写的优秀的散文、小说和童话。还开设了小作家班等栏目，内容比较活泼，把作文刊物办得有文学气息。像《中国少年文摘》这份刊物就是文摘类刊物，它和《读者》一样，都是从别的报刊里选优质的稿件。《大灰狼画报》《幼儿故事大王》《婴儿画报》《幼儿画报》等则属于幼儿刊物，它们大部分刊登的是幼儿童话、小绘本、看图识字、小手工及走迷宫等内容，适合家庭亲子阅读。

17　你的孩子需要阅读少儿刊物

　　我觉得有条件的家庭，应该每年给孩子至少订阅一两份少儿刊物。我也希望小学生都订阅像《少年时代》《小葵花》和《小学生导刊》这样的综合性刊物。当然，小学生订阅哪些少儿刊物也要根据自己的兴趣爱好和语文学习情况来决定。

　　如果家庭里有比较多的童书，尤其是有大量的儿童文学图书，我建议小学生再订阅一份综合性少儿刊物或专业性少儿刊物，这样可以补充阅读。如果小学生在作文方面比较弱，不妨订阅一份作文刊物，课余时间认真读一读别的同龄人写的优秀作文，感受一下别的同学表达的方式、方法，对自己会有很大帮助。同时，也要认真读一读名家写的作文指导类的文章，这样对提高作文能力是有好处的。一份好的少儿刊物就像一份营养套餐，里面有荤有素，有各种食材，有各种营养成分，还有多种口味。因此，读少儿刊物比读一本童书更具有学习的氛围。

一份好刊物就像一位好老师，可以引领阅读，引领写作，还可以引导对知识的学习，帮助孩子提高学习兴趣，并解决一些读写问题。所以，订阅少儿刊物可不是一件很随意的事，家长和小学生不可轻视刊物的价值和作用。小学图书馆也应该配备足够的小学生刊物和报纸，以保证校园阅读更丰富更科学更符合小学生的需要。两三岁的幼儿处于语言敏感期时，是特别需要亲子阅读的。如果家长有这个意识，就应该订阅两份幼儿刊物。给孩子讲讲故事，和孩子一起翻开杂志，同时，也一起读读绘本，讲一讲绘本故事。这样坚持下来，孩子进入小学，读书习惯和对文字的兴趣就都培养起来了，孩子的语文学习一定不会太差。

对小学三年级至六年级的学生来说，建议订阅一份儿童文学刊物，再订阅一份综合性刊物，还可以订阅一份作文刊物。订阅三份刊物，每年人概要花200元，相当于买10本童书，但这三份刊物的内容却远比10本童书的内容要丰富得多。现在一般的童书每本字数在6万字左右，三份刊物从字数来看，一年下来至少有36本童书的字数。而这三份刊物里有各种风格、内容的文章，所带来的阅读享受和知识学习，比36本童书要强得多。因此，订阅少儿刊物和报纸并不是一个盲目的选择。童年美好的记忆里，有一份刊物或报纸的陪伴，那是多么温馨呀。期待小学生朋友能够认识到少儿刊物的重要性，都能够拥有一份属于自己的少儿刊物。

18 父母如何引导孩子做好少儿刊物阅读

在订阅了少儿刊物之后，如何利用好它，如何做好少儿刊物的阅读，这也是值得小学生注意的，家长当然更要注意。读少儿刊物，一般有三种读法：

一是浏览目录和刊首寄语。拿到一期刊物，浏览一下目录，就知道了这一期最基本的内容，包括对作者的了解。每份刊物都有一些固定作者或专栏作者。因此，目录里能够提供一些有效信息。对重点栏目，要更关注一些。

二是对重点栏目里的文章进行细读。重点栏目里的稿子一般是约的，有的是从投稿里选的，都是最精彩的来稿。每一次细读都会有很大的收获，至少它的价值不会比其他栏目里的文章差。

三是对其他栏目里的文章要选择性阅读。比如，如果你喜欢漫画，那么可以选择先浏览或细读漫画栏目。如果你喜欢科幻故事，可以选择先读科幻栏目。如果你喜欢校园生活故事，就可以先读这个栏目里的校园生活故事。总之，读少儿刊物不要刻意，也不一定要像读书一样从头至尾地读。利用平常、周末或寒假、暑假的空闲时间，可以把之前读过的刊物再慢慢翻阅一遍，再次浏览。这样一来，一期刊物就基本上读遍了，而且读透读懂了。

少儿刊物里的文章一般都比较短小，重点栏目里的文章也不过三五千字，一般栏目里的文章可能只有一千来字，甚至几百字。所以，读少儿刊物是没有多少负担的，不用花太多的时间和精力，也不用刻意留出半天或一天的时间。有些小学生识字量不够大，自主阅读能力不够强，可以订阅几份少儿刊物读一读，这样会很快养成课外阅读的习惯，而且读刊物上的短文也能很快培养理解力。对小学生来说，读少儿刊物还有一个好处，就是通过刊物可以熟悉一批作者，认识一些作家。如果这一批作者和作家创作出版了童书，那么小学生就会自然地把它们纳入课外读物之列，这也是刊物的一个特点。一份少儿刊物是读者和作者沟通的桥梁，经常读少儿刊物的小学生会有比较强的童书选择能力。

相信经典，让孩子科学阅读

重视亲子阅读，帮助孩子养成读书习惯

问：谭教授，应该怎样进行亲子阅读呢？

答：我写过一本《享受亲子阅读的快乐》的书，在那本书里就讲了很多方法，也讲了什么是亲子阅读。亲子阅读，简单地说，就是爸爸妈妈给孩子读书。当然，如果孩子有了自主阅读能力，爸爸妈妈也可以和孩子一起读书。亲子阅读，没有多少高深的方法，只要你有爱心和耐心，给孩子读书、讲故事就不是问题。当你耐心给孩子读书、讲故事时，你自然就知道孩子最想要什么，最喜欢什么样的故事，最希望你用什么方法给孩子读书了。

问：谭教授，您好！请问什么时候开始引导孩子读书比较好呢？我的孩子2周岁多，给他读绘本，他的注意力主要在图片和辨别事物上。我们需要去告诉他书本里的内容吗？告诉他的时候，他总爱打岔，这种情况该怎么办呢？

答：孩子一出生就可以给孩子读书。读书不是为了认字，也不是为了学知识。用温柔的声音做亲子阅读，是一种交流。给2岁多的孩子读绘本，主要是陪伴，而且也是让孩子亲近书，对书本有些认识，也可以养成接触书籍的习惯。如果你觉得读绘本应该给孩子讲内容，甚至讲道理，那得看这是否会引起孩子的兴趣。如果孩子不喜欢，就不要只重视讲内容。孩子爱打岔，是想发表见解，想和你交流，不要看成缺点，也不要随意批评。只要孩子问的问题有意思，都要耐心给予解答，而且语言要尽量亲切有趣一些。

问：儿子今年三年级，只喜欢听故事，不喜欢读书，这是什么原因呢？

答：你说的这种情况，一是和你的孩子认字量有关，识字不够多，读书费劲，读不太懂，就不爱自主阅读。二是缺乏亲子阅读，在孩子幼儿时和小学一、二年级时要多给孩子读书，否则孩子理解力不够，就会对读书缺乏兴趣。三是不要用手机听书替代阅读。听书，不是读书。听书对养成读书习惯没有任何好处。

问：请问在低龄儿童不识字的情况下如何保证其能读懂没有注音的书呢？

答：孩子还处在低龄期，不要提前识字，也不要急于让孩子识字。因此，这一时期你要给孩子读书，读绘本，讲一些优美的小故事，让孩子感受到读书的快乐就够了。不要让孩子刻意读什么注音书。等孩子到了小学二、三年级，有一定的识字量，再让他读一些问题比较简单、情节比较有趣、文字比较朴素的童书。

问：比起阅读，孩子更喜欢玩手机游戏，怎样培养孩子对读书的兴趣呢？

答：当然，如果能给孩子玩手机游戏，几乎所有的孩子都会喜欢。但孩子能玩手机游戏，一定是大人认为这不是什么问题或者大人不愿意多管孩子。对喜欢玩手机的孩子来说，第一，家长不但要控制自己对手机的使用时间，还要禁止孩子玩手机。第二，多给孩子买一些好的童书，比如优质的绘本、优质的儿童文学图书，尤其是世界儿童文学经典。如果家里书多且家长愿意给孩子读书的话，孩子一般会爱读书的。在这里我讲一个笑话吧。有一次，我做完一场关于亲子阅读的讲座，一位妈妈问我："谭老师，我孩子特别爱看电视，怎么办呀？"我笑了笑说："那我去你家帮你把电视机扔掉吧！"在场的好多家长都笑了。

问：孩子一年级了，每天读书30分钟，但是一到时间立马停止阅读，似乎只是为了达到时间，并没有发自肺腑地爱看书。如果让他自由选择的话，他爱看漫威系列、电视动画片系列的书。该怎么引导他喜欢文学类的书呢？

答：你说的这种情况，我猜有三个原因：一是你把孩子每天读书30分钟当成任务，而不是把课外阅读当成生活习惯。当成任务，就是一个负担。如果把它当成生活习惯，就是每天自然要做的事了。所以，不要强制性地让孩子读30分钟的书，而是要吸引他每天都读读书。二是一年级的孩子，识字量有限，自主阅读能力不够，你应该多给孩子读书、讲故事。三是可能你给孩子买的书并不太吸引孩子，而只是你认为有教育意义的书。要想让孩子喜欢文学类的书，你可以多购买一些优秀的儿童文学图书给孩子读。他读多了，就会喜欢了。

问：请问幼儿园和小学低年级的孩子，阅读效果该如何检验呢？每天阅读的时间多长比较合适呢？

答：对幼儿和小学低年级的孩子，还是要做亲子阅读。当你用温柔的声音给孩子读书、讲故事时，你的孩子就会觉得你是爱他的、信任他的。亲子阅读会给你带来很多意想不到的效果。当然，这效果一定是因为爱和信任而产生的情感共鸣，而不是认识了多少字、学了多少知识。当你给孩子做亲子阅读时，他一定会很喜欢的。到那时，时间长短并不十分重要，你也会敏感地捕捉到孩子的兴趣并掌握好亲子阅读的节奏。

问：请您支个招，如何带领孩子阅读，选择、购买适合孩子的书并与孩子沟通阅读体会呢？

答：孩子小的时候，识字量和理解力有限，父母以亲子阅读来培养孩子对书籍的兴趣。等孩子长大一些，认识的字多了，就可以自主阅读了。到那时候，应该多买一些好书，让家里充满书香。在好的阅读环境下，孩子更容易爱上书和阅读。至于如何选择和购买适合孩子的书，我觉得只要做到三点就够了：一是家长要亲自逛书店，亲自去挑选和阅读，一般的大人都有这个读书和选书的能力。那些认为选不到好书的人，通常自己不逛书店，也不爱读书。二是多翻翻童书，那些优质的童书，印刷质量好，而且有作者介绍。那些攒出来的书，要么没有作者的真名，要么没有作者介绍。三是不要轻易相信排行榜和商业阅读推广，而要相信自己的阅读判断力。至于如何与孩子沟通阅读体会，我觉得坚持做亲子阅读，或者与孩子一起读书，就能找到答案。就像大人和孩子常交流，就能找到好的交流方式一样。

选择合适的书籍，让孩子学会科学阅读

问：孩子是小学五年级的学生，喜欢看漫画，不喜欢读有营养的名著，该如何培养孩子的阅读品位呢？

答：这位家长问的问题比较有代表性，我不止一次听家长问过这样的问题。孩子到了小学五年级还只喜欢看漫画，这说明家庭阅读出了问题。家长给孩子买书时只听孩子的，没有注意到课外阅读也要多元化。如果在最初的亲子阅读阶段就给孩子读好书，读优质的文字书，那么孩子就不会只爱看漫画书

了。当然，要培养比较纯正的阅读品位，建议以文字阅读为主。因为上小学后，孩子几乎学习的所有课程的教材都是以文字为主的书。

问：谭教授，有没有什么适合小学二年级孩子看的书推荐呢？

答：小学一、二年级应该读短小篇幅的儿童文学作品。尤其需要父母给孩子读书，而不是买一堆书给孩子，家长就不管了。一、二年级的孩子识字量和对文字的理解力有限，如果家长只管买书给孩子而不考虑这些书是否适合孩子，也不给孩子读书，那会让孩子失去对课外阅读的兴趣。

问：谭教授，三至六年级的孩子具体该读什么书呢？

答：一般家长都喜欢问这么比较直接的问题，小学中高级的孩子一般都已经有自主阅读的能力了，家长应该专门带孩子逛一逛书店。和孩子一起挑选一些他们喜欢的书，可以挑选一些中外儿童文学名著或名家新作，还可以适当订阅两份儿童报刊。如果家里没有什么像样的书，家长又不愿意花时间陪孩子逛书店的话，读什么书的问题就难以解决。

问：谭教授，您好。请问12岁的男孩看哪些书比较好呢？

答：12岁的男孩子一般还是小学六年级，不要过多地给他读很厚的名著，可以让他读一些比较有趣也适合男孩读的童话、历险故事和科幻小说。比如，《骑鹅旅行记》《木偶奇遇记》《彼得·潘》《汤姆·索亚历险记》和《哈利·波特》等。

问：谭教授，请问《瓦尔登湖》是适合孩子自己阅读，还是需要父母陪伴着讲解来读呢？这本书的译本至少有100种，您觉得哪几个译本不错呢？

答：《瓦尔登湖》对孩子来说，阅读有一定难度。我是在大学时才开始读这本名著的。当时读得很慢，后来又读了两遍，才读出它的美与深邃。如果能够给孩子买更适合的世界儿童文学经典，就不必过早地给孩子读《瓦尔登湖》。这本著作的译本很多，推荐大家读徐迟译的。徐迟是当代著名诗人、散文家和翻译家，他的译本特别优美、诗意，他真正地理解了《瓦尔登湖》。外国文学著作的译本是很重要的，家长要选择名家翻译的。比如，叶君健和林桦译的《安徒生童话》，还有杨武能译的《格林童话》，这些都是权威译本。

问：您好，请问什么是桥梁书呀？

答：桥梁书就是那种介于绘本和纯文字书之间的童书，它的文字不太多，配的插图多，适合小学低年级孩子阅读。桥梁书的文字难度不大，对自主阅读能力不太够的小学生来说，是一种值得选择的童书。我本人就有多本童话和儿童诗做成了桥梁书，比如福建教育出版社出版的《户外朗读·谭旭东大自然微童话》（4册）和大象出版社出版的《谭旭东儿童诗绘本》（4册），就属于桥梁书。

问：谭教授，读西方文学名著是读英文原版好还是读译本好呢？

答：还是读译本吧。毕竟绝大部分孩子还在学英语，而且读英文原版也不是那么好读的，且很多家庭也不一定能购买得到。孩子大了，上了大学，英语水平高了，就可以去读英文原著了。干什么都不必太急，还是尽量按照常识来。

问：现在高考名著阅读的整本书阅读指导书非常多，您对于老师和学生选用这种阅读指导书有什么建议吗？

答：显然，这类图书主要是为了应试的，而不是为了提高孩子的阅读兴趣。因此，依赖这类书，是很难提高孩子的阅读能力的。或者说，只买这样的书而不认真品读名著，肯定是无法提高孩子的读写能力，也不一定能应对高考的。另外，名著这样厚，靠一两堂课来做整本书阅读指导会有多少效果呢？这值得一问。不过，对初中、高中生来说，名著读起来并不难，只要有一定的阅读习惯与专业指导都可以在短时间内读完一本名著，也能理解其中最感人的形象、情节并领会其思想内涵。所以，我觉得家长花钱买这样的阅读指导书，可以作为辅助读物，但更多还是要鼓励孩子直接读名著，认真品读名著。

问：您好，如果从具体的微观层面来考察童书的质量，如何能够真正站在儿童的立场和角度来判断此书对儿童是好是坏呢？因为不少儿童对诸如笑话等之类的漫画书感兴趣，但此类书并不属于经典好书，儿童立场与成人立场是否存在冲突呢？

答：我明白你的意思，你是觉得成人应该站在孩子的立场看问题。因为孩子喜欢的，不一定是成人喜欢的；而成人认为好的，不一定就是孩子喜欢的。这种看法有一定道理，但世界儿童文学经典之所以被称作经典，还是有基本的标准。如果我们太在意孩子的意见，可能就会失去指导的好机会，也可能失去引导孩子选好书、读好书的机会。在课外阅读和亲子教育方面，成人应该有这个智慧，来区分哪些言行是不符合孩子成长的，哪些问题是应该让孩子自己去面对的，哪些时候是可以顺应孩子的。

好的童书就像儿童食品一样

问：谭老师好，在阅读上，孩子只喜欢伸手就能拿到的"甜点"，怎样让孩子喜欢您说的跳起来才能够得到的"苹果"呢？

答：谢谢你的肯定！"甜点"也是美食，但仅仅吃甜点肯定不够，因此要给孩子吃营养套餐。营养套餐里最有营养的是什么，其实家长和语文老师都知道。为了培养孩子对跳起来才能够得着的"苹果"感兴趣，要在一开始给孩子读书时就选好书，选稍微有点难度的书。比如，如果在幼儿阶段只给孩子读绘本，那么可能以后孩子就很难亲近纯文字的书。所以，读书要读那些比孩子实际的理解力稍微高一点、难一点的书。一般来说，精美的文字、经典的作品都具备这个特点。

问：谭教授，童书本身是不是就是一个伪概念？一本书只适合
　　儿童或者成人，书籍真的有如此严格的区分吗？

答：童书就像儿童食品和儿童服装一样，是不是伪概念，是不用
　　辩解的。有特意为儿童准备的幼儿园和小学，有特意为儿童
　　准备的各种文化设施和生活物件，因此也有特意为儿童准备
　　的书是不奇怪的。童书不是伪概念，儿童报刊也不是伪概念。
　　有的书可以给孩子读，也可以给大人读。其实，所有童书的
　　读者都是跨年龄界限的，因为所有的孩子都要长大成人。因
　　此，影响过童年的书，是影响了人的一生的。

问：谭教授，《小王子》不仅儿童可以读，成人也可以读出不同
　　的含义。好书是不是应该不需要框定读者，做到不仅儿童
　　可以读，成人也可以读呢？

答：人们总拿《小王子》这样的童话来说写作不必框定读者。其
　　实，写作有很多种。一种写作就是作家的文字能够唤醒所有
　　人的潜意识，能够在所有人心中引发共鸣。《小王子》里的童
　　心和爱是所有生命共通的，一旦被唤醒，文字就更有感染力。
　　法国哲学家巴什拉写的《梦想的诗学》告诉我们，人类童年的
　　影响是持续一生的，童年、童心、诗和童话是同构对应的。《小
　　王子》让我们找到了人类最本质的精神内核。

问：儿童只能读童书吗？不可以读成人书吗？我们是不是应该以更包容开放的心态，让孩子在书籍的海洋里畅游。毕竟每个孩子的心智年龄和成长节奏不一样，如果放开阅读，是不是引领孩子读书的最好的方式呢？

答：成人吃过的食品，穿过的衣服，是不是都可以给孩子吃和穿呢？似乎是可以的。只是在贫困和相对愚昧的时代，人们才会这样做。文明的时代，经济发展的时代，成人应该用与对待自己不一样的方式对待儿童。

问：童话只能包含"真、善、美"吗？什么时候可以同孩子讲这个世界的"复杂性"？

答：童话作为儿童文学的一种，与其他所有儿童文学作品一样，也具有其他文学作品所包含的内容和元素。就像儿童食品一样，其他食品里有的营养元素它也都有。其实，关于世界的"复杂性"是需要特意为孩子讲的，父母和周围成人世界的一言一行都在告诉孩子"社会性"和"复杂性"的影响。因此，与其刻意让童话来讲述世界的"复杂性"，不如父母在孩子面前做一个好榜样。成人世界是什么，儿童就面临什么样的环境，就会受到什么样的影响。

第四辑

如何培养孩子的写作能力

让孩子学会写作是一个需要耐心培养的过程，不要苛求，给孩子自由表达的机会，让他们尽情享受文字世界的美妙。

1 孩子读了很多书为何还不会写

一般来说，爱读书的孩子，作文不会太差，对语文学习也会更有兴趣；那些不爱读书的孩子，通常不爱写，也不会写，语文学习也会有一定的障碍。

但无论是出去做讲座还是在微信朋友群里，我经常听到或看到一些家长提问关于孩子读了很多书还不会写的原因。对于这个问题，我先简要回答一下。

第一，读的是什么书很重要。如果孩子读的是文字粗糙的书，这样的书里只有情节，没有情感和美感，那么他读得越多，可能越不爱写，也不会写。

第二，要看孩子是如何读书的。如果只是追求情节，浮光掠影地读书，没有理解书中的内涵，没有进入文字的情境，也没受到感动，这样的读书只是消遣，对写作也没有用。有些家长，孩子还在读小学一二年级，识字不够多，理解力不够，就买一堆书让孩子自己读。这样读，效果也不好。因为孩子不能读懂书里的内涵，甚至有的句子虽然每个字都认识却读不懂，这样让孩子读书，无疑会早早地减弱好书的魅力，伤害孩子对读书的兴趣。

第三，读书是需要安静的环境和状态的。那些所谓的诵读、朗读和表演式的读法，只是为了好玩，只是为了表演和游戏。这些读法作为校园文化活动是有价值的，但孩子无法在真正意义上品味文字的美与趣。好的文字，精美的书籍，尤其是经典，都是安静的文字，它们都是在孤独或寂寞的情境下写出来的，是融入了作者丰富的人生体验、生命感悟和审美理想的作品，是需要用心去体会、去感悟、去理解的。因此，那种热闹的朗读和诵读，和文字理解力没太大关系，与写作能力也没太大关系。

此外，有不少家长，甚至是语文老师都主张孩子背书，包括背诵范文，这样对写作也没有什么好处。背书、背范文是死记硬背，不是基于对文字的理解。这样做是为了走捷径，希望通过背诵直接将知识移植到考试答题里去。这本来就是投机取巧，不是科学的方法，也不符合语文学习的规律。

语文学习包括两个方面：**一是文字的理解力。**这是通过读来实现的。也就是说，读书的目的是理解文字。进入文学世界，感受文字之魅力，才能体验文字创造的奇妙，才有创造文字的冲动，才能激发写作的潜能。**二是文字的创造力。**写作能力其实就是文字创造力，它基于对文字的理解力，这是需要用心读书才能提高的。所以，没有写作能力，对写作也没有兴趣的人，一是没有真正体验读书之乐，二是没有形成文字理解力。还没感受到文字之奥妙，自然不会爱上写作，也不会有创造的冲动。

那具体怎么样读书才能有助于写作呢？我来讲几点看法和建议：

第一，给孩子买好书，尤其是要给孩子买适合他们读的经典。我曾给一些家长开了一个最简易的书单，我是这样建议他们给孩子买两类书的：一是买世界儿童文学经典和诺贝尔文学奖获奖作品。这个可以放在一个专门的书架上，最好做一面墙的书架来摆放这些好书，这是"经典书架"。二是买语文课本里出现过的作家和诗人的作品集，包括古文和古诗词集。这样的书可以专门陈列在一个书架上，这是"语文书架"。如果家里有了这两个书架，孩子在课外就不愁没好书读了。而且，家中有这么多的好书，孩子随手一拿，就能够得到。这样，孩子就容易养成读书习惯，家庭里的语文学习环境就不差了。

第二，在第一点的基础上，再订阅两三份儿童报刊。首先，订一份儿童阅读刊物，如《中国校园文学》《漫画周刊·七彩童年》《东方少年》和《莫愁·小作家》。再订一份综合性儿童报刊，如《小学生学习报》《语文报》等。平时也可以带孩子去书店选几本印刷精美的绘本或者其他儿童文学图书，还可以选购几本畅销书。这是在经典阅读和语文课外阅读之外的补充，相当于炒菜时，除了主菜外还要搭配几个配菜。有些家长比较功利，订阅报刊时直接订阅那些很实用的、知识性很强的，甚至买书时只看畅销不畅销。这是不合适的。就好比即使是炒配菜，也要尽量挑选好的食材一样，要认真对待补充性阅读。

第三，孩子爱读书，尤其是读了好书，一定会喜欢表达或

有表达的冲动。家长一定要支持，要给孩子创造好的环境。因此，有时间和机会的话可以和孩子一起讨论书里的内容，一起理解书中的人物、情节、细节、思想和独特风格等等。通过讨论，既增加彼此的理解力，也提高了孩子读书的兴趣。在孩子记日记、写读后感或者写自己想写的短文时，要让孩子有独立的空间，有安静的时光，有可以发呆、思考的机会。即使是孩子在写语文老师布置的作文，也要尽量鼓励孩子好好写，写完后要好好修改。不修改，是练不好作文的。好的文字都是修改出来的。好文章都是反复琢磨、修改，才变成精品的。没有一个人一开始写就写出了杰作。

第四，鼓励孩子参加一些校内外作文比赛。通过比赛，既锻炼自己的文笔，也提高对作文的兴趣。更重要的是，参加比赛，孩子就会关注同龄人写得怎么样，然后对比自己，既让孩子感觉到自己和同龄人的差异，也可以培养孩子的荣誉感。除了要鼓励孩子参加校内外作文比赛，有条件的还可以给一些儿童报刊投稿，包括给一些学校小报、公众号投稿等等。这些都是鼓励孩子写作的办法。现在，各种作文比赛很多，包括一些网站也会征集大量孩子的作文。因此，要鼓励孩子多写，多投稿，激励孩子，培养写作兴趣。当然，如果学校里有文学社和诗社，鼓励孩子参加也是很有意义的。

以上几点是我自己的看法。语文学习就是读写一体，一定要读写结合，而且写作就是检验语文学习的最好标尺。学好语文，不能仅靠课内，还要靠课外。课外读书，尤其是家庭阅读，不但对语文学习起到奠基的作用，对孩子今后所有的学习也都会起到奠基的作用。爱读，爱写，会读，学写，这是良好的生活习惯，也是学习的基本能力。

2 孩子不爱作文的几个原因

孩子不爱作文，不会作文，这种情况很普遍，语文老师和家长都很着急。尤其是语文老师，他们想尽办法，但学生就是不爱作文。到底是什么原因呢？

我觉得，孩子不爱作文，有的到了五六年级还不会作文，与家庭教育、语文老师的教法以及孩子的阅读习惯、学习习惯等有关。具体来说，孩子不爱作文有以下四个原因：

第一，与孩子不爱阅读有关。一般课外阅读少、家庭缺乏亲子阅读的孩子，写作基础比较弱。阅读，对孩子来说是他们对文字世界的认识，不仅仅是增加识字量的问题，还涉及对文字的理解、对文体的认识、对想象力和创造力的培养等等。一般读课外书多的孩子，稍加启发，给点提示并适当鼓励，就可以提高他们的语文学习与作文的能力。平常不爱读书的孩子，一般语文学习兴趣也不会浓厚，对作文也不会有兴趣，即使学习了作文基本技巧，也很难写出好的作文。

第二，孩子的自主阅读能力不够。自主阅读能力与作文能力是成正比的。孩子上了小学，就要尽快培养他的自主阅读能力。如果孩子的自主阅读能力不够，到了小学二年级识字量还很少的话，到了三年级作文时就会感到掌握的字词量不够用。尤其是写短故事和短作文时就会有找不到合适的字、词、句的感觉。这样作文就不会顺心和顺手，写起来就会吃力，兴趣就提高不了。因此，在小学一、二年级时，家长和语文老师一定要尽量引导孩子多读文字书，积累一些阅读体验，这是作文的好素材。如果孩子能够顺利且通畅地讲述他读过的书的内容，那么作文就会容易得多。复述故事，转述别人的观点，描述别人所描绘的情境，都是有助于作文的一种锻炼。

第三，与语文老师和家长要求过高有关。一般小学生是三年级开始作文。但一开始学习作文时，很多家长和语文老师就拿优秀作文的标准来要求孩子，对孩子的作文批评多、建议少，而且动不动就要求用好词好句、名人名言、格言警句和唐诗宋词等等。这样过高地要求孩子，会让孩子因为一时达不到要求而对作文产生焦虑。最后，可能会变成对作文的厌倦。我曾看过一篇小学三年级孩子的作文，故事讲得很清楚，写了有300多字，但语文老师的批语几乎是否定的。老师很不满意，认为这篇作文不生动，缺乏心理活动的描写，也没有用好词好句，等等。这样来评价一名小学三年级学生的作文是很苛刻的。作文教学是一个循序渐进的过程。小学三年级时，应该让孩子多讲故事，培养他们讲家庭、校园和社区里发生的故事，写身边的人，记录身边的事。只要他们用自己的话把故事讲清楚并讲完整了，就应该肯定，给予好的评价。到了四年级，鼓励孩子把故事讲得生动一些，讲得复杂一些，讲得有趣一些，并且把作文写长一点。到了五、六年级，再提一点高要求，要求孩子把记叙文写好。写议论文和说明文也是如此，要逐步引导，不要一下子就希望孩子写得最好最出色，达到优秀作文的水平。

第四，与过分依赖作文书有关。有些家长和语文老师在指导孩子作文时，直接就学作文技巧，而且以作文辅导书为主。这样效果一般不好。作文书只是解决一些技巧问题，但作文更多的是需要学生对文字的理解。只有在对文字有很好的理解的基础上，才能运用好文字。所以，课外阅读是很重要的。读好书，读经典，培养对文字的敏感、对语言创造的兴趣，对作文是非常有好处的。如果一开始作文就借助作文书，很容易受到模式的限制，而且很难培养起对文字的兴趣。只有读动人的故事、优美的诗篇等，才能培养对文字世界的兴趣。靠大量阅读模式化的作文，是难以培养这种读经典文学作品才能培养起来的趣味和品位的。

第五，与孩子缺乏生活体验和观察有关。现在有些城市里的孩子，生活很单调，每天就是上学，回家也是写作业和睡觉，完全是在老师与家长的安排下生活与学习，缺乏和同龄人之间自由自在的游戏与交往，因此对生活缺乏激情。或者说，单调的生活难以激发他们的好奇心，难以使他们葆有对新鲜事物的兴趣。如果家长和老师能够给孩子多一些课余时间，老师少布置一些作业，家长少逼迫孩子上一些课外培训班，多带孩子去亲近大自然，去参观博物馆、科技馆、画展，去听听音乐会，去参加一些同龄人的聚会，这样孩子的生活体验就丰富多了，作文就有了很多故事，很多话题，很多想法，很多表达的素材。

第六，与孩子不爱学习、对学习没有兴趣有关。这个原因得追究到一、二年级。孩子们在一、二年级时，就经历了枯燥无味的写字、识字、拼音学习，到了三年级有部分孩子已经开始厌学了。这时候，作文对这部分厌学的孩子来说又是难度的增加。所以，不爱作文，其实就是不爱学习。这个问题很多家长和老师看不到，总以为孩子只是单纯不爱作文。其实，背后的原因就是孩子不爱学习，是传统的语文记忆性学习不能让孩子对学习感兴趣。

语文老师和家长如果不能发现这些问题，不能找到这些影响孩子语文学习与作文的原因，是很难教好孩子的，也很难提高孩子的作文能力。

3 写好作文要注意哪些事项

很多家长和语文老师很关心孩子的作文，尤其是很希望孩子在很短的时间内写好作文。这种心理可以理解，但作文的学习是不能急的，要注意一些方法，要避免一些问题。下面我来谈几点看法：

第一，多读书。读书和作文的关系，我可以打一个比喻：读书就好比你买了一桶积木，按照积木桶里给的图案来拼积木。但作文就好像你按照自己的拼法和想法来拼积木，你要拼出属于自己的美丽的文字城堡。但这里有一个前提，就是你要多读书，多拼别人给定了图案的文字的积木，学会一些基本的知识，感受文字的快乐与美。有了这样的感受，你的作文就不难了。

第二，不要照搬别人的作文。尤其不要学别人如何开头、如何结尾，更不要把别的优秀作文的开头和结尾背下来，放到自己的作文里。这样，其实是抄袭。另外，照搬别人的作文，一时可以应试，但并没有真正理解作文是什么，没有学到真正作文的方法。因为作文是写自己的体验，是写出属于自己的文字，是讲自己想讲也能讲的故事，是表达自己想说也能说得清楚的观点，是描述自己熟悉的景物。如果照搬别人的作文，就不是模仿，而是造假了。造假作文不能写，写了，不只是作文问题，也是文品的问题。造假作文写多了，就不会创新，也不会思考了。

第三，作文不要动不动就用好词好句、唐诗宋词、名人名言、格言警句等。好的作文，就是要说自己的话，而且要鼓励孩子用自己的话讲故事，用自己的话表达观点，用自己的话来描述事物。所谓个性化作文，其实说的就是自己的话。个性化作文，不是用了很多修辞，写得多么华丽，写得多么巧妙。个性化作文，就是自己的作文。每个人都有自己的个性，每个人说话、做事都有自己的特点、脾气和风格，同样，每个人的作文也都应该有自己的特点、脾气和风格。如果一个孩子写出的作文和别人的一样，那说明这个孩子还不会作文，或者说他没有写好。

第四，作文要循序渐进。不要一开始就要求孩子写出最好的作文，或者达到中考、高考作文的要求，更不要一开始就期待孩子变成作家。作文与烧饭、做菜、烤面包和做饼干一样，得先学简单的，再逐渐做复杂的。比如，先学会煮饭、煎鸡蛋、炒青菜、做蛋炒饭之类简单的，然后再逐渐做大餐，做套餐，做很需要厨艺的饭菜。有的家长和语文老师一开始就要求孩子的作文字数要多，而且要语言生动、形容词多、情节丰富、人物性格鲜明、心理活动细腻等等。这些都是高要求。其实，这样的要求，家长和老师自己也不一定能达到，但家长和老师却早早地要求孩子这么做，这是不合适的。

第五，不要怕记流水账。如果能够把流水账记好，那就说明基本达到了叙述、讲故事的能力。这时候，只要告诉孩子从流水账里挑出最有趣、最值得讲的事，写得更细致一些，写得更丰富有趣一些就可以了。刚开始学写作文，多记流水账未尝不是好事。尤其是一、二年级学写话，不妨鼓励孩子记录每天发生的事，只要记录出来了、写得清楚、写得有条理就可以了。到了高年级，孩子自己就会学会筛选。那种动不动就提炼素材、表现主题的做法，对作文并不一定是可行的，反而显得很传统很老套。

第六，鼓励孩子。尤其要鼓励孩子讲述自己身边发生的故事。比如，家里发生的事，班级里发生的事，在街上看到的事，等等。从身边的故事讲起，就很容易学会作文。孩子在三、四年级的时候，千万不要过分拘泥于记叙文、议论文和说明文的写法，不要面面俱到，平均用力。先让孩子学会讲故事，这样很容易引领他们写好作文。三、四年级时，最重要的是要培养孩子对作文的兴趣，即让他们爱写并喜欢作文。有了兴趣，到了五、六年级他们就不畏惧作文了。那时候，怎么写、写什么，都不是什么问题了。

总而言之，只要我们有耐心，讲科学，多鼓励孩子，多激发孩子，小学作文就不难学。400字，600字，甚至1000字以上的作文，都不难写。要相信孩子，对孩子有耐心，给孩子创造的机会。

4 要给初学作文的孩子信心

我给一个家长群做了一个关于读书的讲座之后，有一位家长说："谭老师，能不能给我们的孩子讲一讲怎样写作文。"我说："可以呀，只要时间允许，将来有机会一定讲。"第二天，这位家长通过微信对我说："我的儿子今年上小学三年级了，作文不好，老是记流水账，老师不满意，我也不满意。"听了这位家长的话，我说："你把你儿子的作文发给我看看。"这位家长把他儿子的作文发来，我一看，很不错，字数不少，有三四百字，而且把一天经历过的事都简要地讲述出来了。可以说，叙述得很流畅，我觉得是一篇很好的作文。

初学作文时，很多老师不允许学生写流水账，认为流水账主题不集中且没有重点，也没有生动曲折的情节和细节，甚至没有过多的描绘，语言干巴一些。其实，小学三年级的孩子，刚学作文就能够用一两百字比较清晰和完整地讲述一个故事，叙述一天的经历，是很了不起的。且不说我们做老师和家长的在小学三年级能否写得这么好，单从作文规律角度来看，小学三年级作文能够记好流水账，能够用自己的话把一件事或一天的经历叙述好，这就值得表扬。

我个人觉得，小学三年级时，孩子只要能用一两百字讲述一个完整的故事，阐述好一个观点和看法，描述好自己看到的一个物件或者一个小景，就达到了目标，就值得肯定。孩子在小学四、五、六年级时，能够在三年级的基础上逐渐地把故事讲述得更生动、更有趣，甚至更曲折，且字数不断增加，就算完成了记叙文写作的学习目标。议论文和说明文的写作也是如此。因此，**我们要对孩子有耐心，给孩子恰当的表现机会，而不是在他们一开始学习作文时就过高地要求他们，也不要动不动就拿最好的作文和最高的标准来批评孩子。**

作文要循序渐进。三年级初学作文时，写出一两百字的作文就可以了。到了四年级，能够写出两三百字的作文就很棒了。到了五年级，能够写出三四百字的作文，且能做到通顺流畅，讲究一定的技巧，有一定的文采，就算是很优秀的作文了。从教学大纲来看，学生到了小升初考试，只要能写好四百字的作文，就达到了要求。

曾经遇到一个孩子，他的家长也抱怨他的作文是记流水账。有一次，我读到这个孩子的流水账作文，写得挺长，没有所谓的重点和主次之分。于是，我告诉他删掉哪几个部分，把哪几个部分写得详细一些、生动一些、有趣一些。这个孩子一修改，流水账就变成了好作文。有不少家长和语文老师很讨厌流水账作文，我觉得这样的家长和老师对作文缺乏基本的认识。如果孩子写了流水账作文，只要告诉孩子把其中有的事情或者过程去掉，把最有趣的、最值得写的细节写得丰富一些，流水账作文就面貌一新了。

⑤ 理解什么才是好词好句

有一个家长找我，让我看看他的微博。我看了一下这位家长的微博，他说检查儿子的语文作业，看到这样两个干巴巴的句子，真是十分恼火，但又说不出来他错在哪里。

这两个句子是这样的：

造句：

1. 使劲：我使劲地拔萝卜。

2. 有趣：这个故事真有趣。

看到这两个句子，我觉得语文老师布置这个造句练习，没有太大的必要。因为"使劲"和"有趣"都是日常生活中常用的词，口语里就常出现，不需要刻意拿出来让学生造句。这样的作业起不到锻炼学生组词造句的作用。

不过，我还要批评的是，这位家长真的是大惊小怪，他对孩子要求太高，也太过分了。这两个句子没有语法问题，无论怎么看都无可挑剔。但这位家长为什么会恼火呢？无非就是他觉得儿子应该造两个他认为很漂亮很复杂的句子，至少他希望儿子把句子写得长一些。

很多家长关心孩子的学习，对孩子的作文也很用心，希望孩子学好语文，写好作文。这是一件好事。孩子的学习和成长，做父母的就应该关注，就应该给予适当的指导。但这位家长很显然不知道如何指导孩子作文。他认为造句就应该写好词好句，即很多家长和语文老师认为的很华丽的好词好句。

会造句，是作文的第一步。有些人认为一个好的句子里面一定有华丽的形容词或四字成语，或者引用唐诗宋词。但到底怎么样才算是好词好句呢？我觉得所谓的好词好句，就是用对了地方的词和说得很通顺、符合语法规律的句子。所以，这个孩子把"使劲"和"有趣"都用对了，这两个句子就很好，我们应该给予孩子肯定。

现在书店里充斥着一些作文素材之类的书，这样的书中有不少是摘抄和选录一些名家名作里的开头、结尾或者是其中的一些精彩段落。有些家长和语文老师认为这样的书对提高学生的作文水平很有好处。其实，这种看法是错误的。首先，把别人的好文章里的句子和段落抄到自己的作文里去，是抄袭。其次，抄人家的一个段落或者几个好句子，不如自己造一个句子，写一个段落。此外，从阅读的角度来看，单纯地读人家文章里的一段话或摘几个句子，完全是生硬地照搬，没有整体把握文字的美感，断章取义，这样是形成不了对文字的理解力的。作文，看似只是组词、造句，然后把句子连成段落，形成篇幅，好像作文就是单纯的词句组合似的，其实作文还需要整体的理解力和把握力。而这两种能力是需要读整篇佳作的，尤其要多读整本书和名著，才能很好地培养起来。

媒体上也讲过一位语文老师出身的编辑写了一篇指导作文的文章。他摘抄了多首名诗的开头，说这些开头是作文的好素材，建议小学生在作文时引用进去，甚至是直接拿来做开头。这是一种典型的误导。语文老师和家长都希望孩子学习可以走捷径，但捷径不是通过摘抄别人的好词好句来达到目的。**应该鼓励孩子说自己的话，用自己的话来讲故事，来描述事物和表达观点。**还有一次，我去一所小学做讲座，我问孩子们读过《草房子》没有。他们都齐刷刷地举起小手大声说："读过！"然后，我问孩子们："你们喜欢《草房子》吗？为什么喜欢它？"没想到好多孩子说："因为老师说里面有很多好词好句，读了《草房子》就会写作文。"我听了心里很不是滋味。《草房子》固然是一本优秀的童书，但如果只是为了摘抄里面的好词好句，那读它就不对了。

想一想，如果孩子能够用自己的话讲一个完整的故事，准确地描述事物的特征，清晰地表达自己的观点和看法，那我们还要苛求孩子的作文里必须有好词好句吗？作文的目的不就是表达和交流吗？

好词好句是用对了地方的词语和句子。好词好句，不是一堆华丽的形容词，不是成语，不是名人名言和警句，不是唐诗宋词，不是歇后语，更不是别的作家的书里搬过来的词句。好词好句，应该是孩子自己说出来和写出来的，应该是表达孩子自己的想法或情感的文字。

6 不好玩的人和事也可以写

我去南宁做儿童阅读与作文讲座，受到广大家长的欢迎。有一位家长在听完讲座后，给我发了一条微信：

> 谭老师，上午好！孩子上次听了您的写作讲座，其中有"勤观察，勤做笔记"这一点。最近带她出去旅游，就随身带着笔和记事本做记录，记录的都是一

些经过的地名等简单的内容。请问谭老师，关于做笔记这一块应该注意记录什么呢？先谢谢您的答复！

看到这位家长的微信，我第一时间给予了简要的答复："最有趣的，最不好玩的，最美的，最奇怪的……"这位家长看到我的答复说："不好玩的也要记？"我说："为什么不可以呢？"过了一会儿，这位家长回复说："受教了，就是要记印象深刻的。"

与这位家长交流之后，我对游记作文又有了一些看法。不少家长喜欢让孩子写游记，尤其是出游时总要布置作文，要孩子带着记录本，随时把看到的和想到的记录下来。这看起来好像是一种不错的提高作文能力的方法，但实际上这种做法并不好。我觉得带孩子出去旅游，不要布置什么作文，旅游就是要好好欣赏自然风景，用心体验、感受，真正把心灵释放，让心灵与自然融合起来。如果出门旅游前刻意布置写游记的作业，甚至要随时带着笔记本来记录，那么作文就可能变成一种负担。

一家人出门旅游是很好的亲子交流的机会，既然是去旅游，那么主要就是精神放松，全家人一起享受天伦之乐。如果带着学习任务去旅游，那么旅游就很难做到放松自己，也很难自然地实现亲子交流。旅游是旅游，学习是学习，作文是作文，还是不要刻意地捆绑在一起。

另外，通过这次的微信交流，我也发现不少家长和语文老师在孩子作文方面有一个误区，那就是认为写人就要写好人，记事就要记所谓"有意义"的事，或者要写好人好事。有些家长和语文老师认为，写景作文就要写美景，而议论文一定要写正面的看法。其实，写景作文，包括写游记，不但可以描绘美景，还可以描绘那些很奇怪的风景，或者讲述路上遇到的不好的事。可以写出自己不好的感受，甚至对旅游中见到的不良现象和不美之处提出意见或发表批评观点。

想一想，如果家长和语文老师一布置孩子写作文，就要描绘美景，就要写好人好事，就要表达赞美和肯定，那岂不是不是局限了孩子的思维吗？事实上，出门旅游，会看到一些不怎么样的景物，会遇到一些令人很不舒服的事，也会有一些尴尬甚至糟糕的经历，这些都是可以写成作文的。

好玩的可以写，不好玩的也可以写，这样孩子才能写出很多有趣的作文，才能感受到生活的丰富多彩。

7 如何走好写作记叙文的第一步

9月初，刚开学没几天，一位家长给我发来微信：

现在女儿三年级，开始写作了。孩子写一个事情还是可以写清楚的，但缺少句子美感，也缺乏心理神态描写，而学校语文老师又要求家长在家里给孩子改作文。我的能力真是有限，也不知道该怎么帮助她。

读了这位家长的微信，我的第一个看法是，语文老师的要求太高。小学三年级刚开始作文，就要求学生不但要把事件叙述清楚，还要写得有美感并有心理和神态的描写，这样的要求太高了，也不符合作文的规律。刚学作文，只要孩子能把事件叙述清楚就很好了。等写了两年，或者写多一点之后，再逐渐要求孩子不但要把事件讲清楚，还要尽量写得美一些，写得生动一些，写得有形象、有性格。我的第二个看法是，语文老师要求家长改作文也是不对的。孩子刚学作文时，一定要鼓励孩子用自己的话来作文。哪怕语言并不那么生动，叙述和描写比较平淡，只要故事完整，像一篇作文，就值得肯定和表扬。如果让家长改作文，不但会让孩子失去写作的信心，还会让孩子对家长产生依赖心理，以后就不会好好作文了。当然，最重要的是，作文一定要是自己写的。家长在读完孩子的作文后，可以提一些修改建议，鼓励孩子写得更好，但绝不能替代孩子作文。

我把以上看法也告诉了这位家长。这位家长对我说："我可以把女儿昨天的作文发给您看一下吗？"我说："好！"这位家长又说："我个人觉得孩子能动笔就好，但我压力好大，老师一说就是家长高度决定孩子的高度。"这位家长说完，就把孩子的作文发给了我。作文如下：

我的课余生活：学游泳

我的课余生活很有趣，我喜欢钢琴、画画、游泳……其中，我最喜欢暑假学的游泳，不但可以玩水，还认识了一位和我读同一所小学的姐姐。

终于盼到暑假了，游泳班也开课了。这天，我迫不及待地换好游衣，戴好泳帽和泳镜，就跑到了泳池边做热身运动。

第一节课，老师教我吐泡泡。我屏住气，埋下头，像小金鱼一样吐出泡泡。

第二节课，老师教我脚部的练习动作。我练熟后，老师给我一块浮板，让我手拿浮板游。开始我很害怕，后来老师让一位姐姐带我游，我像小青蛙一样游了起来。

第三节课，老师教我像划桨一样的手部动作。最后，老师让我手脚并用游了一下……

我学习了十天游泳，使出了洪荒之力，终于学会了游泳。从这时起，游泳成了我最喜欢的课余活动。

我一口气读完了作文。说实在话，我觉得非常好。三年级刚入学，就能写出三百字的作文，而且整篇作文除了少量字句可以调整与修改之外，整体很好，叙述清楚，把学游泳的过程和收获都讲清楚了，而且用了些修辞手法。最后的结尾，连奥运会上傅园慧说的"洪荒之力"都用进来了，可见孩子写的时候是蛮用心的，也想写得幽默一些。

这位家长用手机拍下来作文图片发给我，语文老师用红笔批改了很多处，而且评价不高，还说作文里缺乏心情和神态描写，也没有写出为什么喜欢游泳。其实，这篇作文里已经有心情的描写了，孩子已经表明了喜欢游泳的态度。小学三年级初学作文，如果语文老师要求学生写出初中生、高中生那样的作文，或者说，拿小学作文的最高最全面的要求来要求初学者，那么就是苛求，也不太讲科学。

我告诉家长，孩子的作文，从记叙文角度看已经非常优秀，写出了完整的故事，讲清楚了一件事。这就说明孩子刚学作文，就懂得了记叙文的基本要求，这是很棒的。

那么，记叙文到底应该怎么写呢？我觉得孩子刚开始学这类作文时，要求他们能用自己的话，把一件事讲清楚，把一个故事叙述得比较完整，有头有尾就可以了。等孩子写多了，练了几次笔，再逐渐要求孩子把故事讲得生动一些。而故事要讲得生动，就要想办法用一些修辞，描写一些心理，描绘一些神态，甚至把细节、情节写得多一些，写得生动一些。小学作文，按照小升初的目标，只需要写好400字的作文。为什么我们语文老师一开始就要求学生把记叙文写得生动和复杂呢？这样太急迫了，太急躁了，也太苛求了！应该要有耐心，逐渐地引导学生写好作文。

我应邀到北京海淀区一所重点小学做讲座，给小学三年级的学生讲"如何写微童话"。在课堂上，我就告诉孩子们，可以用100多个字，用自己的话讲一个小故事，编一个小童话。我现场编了两个100多字的微童话，然后鼓励孩子们现场尝试。结果，听课的所有孩子都写出了有趣的微童话。在场的语文老师都感到惊讶。有的老师还说："为什么我们让学生写，他们就写不出来呢?"

之所以听课的孩子都写出了微童话,我觉得有以下四点:

第一,用自己的话把故事讲完整,而且有头有尾。

第二,作文不需要字数太多。能用100多个字写一个微童话也是蛮好的。到了四年级、五年级,再慢慢写长一点,写得生动一点。作文要一步一步来。

第三,写记叙文,就是教孩子如何讲故事。讲故事,首先是要讲清楚,讲完整,即把事情发生的时间、地点、人物、过程与结果讲出来,这样就算是完整的故事了。

第四,把故事的过程讲得复杂一些。比如,给故事添加一些细节、一些情节及一些心理活动,再把人物描写得生动一些,这样就是一篇很吸引人的故事了。把这个写作的基本规律和要求明确告诉孩子,相信孩子都可以通过练习并在老师的鼓励下取得进步。

最后,我写两篇微童话,给初学作文的孩子读一读,孩子们可以在它们的基础上写两个更长的微童话。相信通过这样的练习,初学作文的孩子都会明白记叙文要怎么写了。

小熊学写作文

小熊不会写作文,长颈鹿老师好着急,她和熊妈妈商量,是不是送小熊上作文培训中心。熊爸爸不同意,说:"少布置抄写课文,让孩子多读读童话吧。"

长颈鹿老师和熊妈妈觉得有道理,说:"我们去书店挑几本好童书吧。"他们买了不少童话书，指导小熊读。一个学期下来，小熊爱读书了，也会写作文了。

小兔写作文

长颈鹿老师布置了作文，要写身边发生的趣事。小兔想：写什么呢？她摇着长耳朵，想了好久，决定写学游泳的事。她把自己什么时候学游泳、怎么进了游泳馆、如何学游泳的过程和收获讲了出来，还写了自己学游泳时认识了小松鼠。小兔写的时候，字迹工整，态度很认真。长颈鹿老师读了，很喜欢，还当着全班同学的面夸奖小兔。小兔高兴地回家又写了一篇作文。

8 读微童话快速学会写故事

有一次，我到北京一所小学给语文老师讲课。讲到如何教作文时，我告诉他们一个妙招，用微童话来快速提高学生的作文能力。我展示了我写的三个微童话，如下：

爱吃甜果的大白兔

大白兔爱吃甜果，兔妈妈说："你就两个大门牙，还不保护牙齿！"大白兔捂嘴笑着说："妈妈真会开玩笑，吃甜果不会伤门牙的。"兔妈妈觉得大白兔说得有道理，就不吱声了。但大白兔说："妈妈，您的话倒提醒我该保护牙齿了。以后吃完甜果，我要及时刷牙。"兔妈妈笑了，给了大白兔一个大大的萝卜。

大白兔搬家

空气不好，大白兔想搬家。"搬到哪里好呢？"大白兔坐在树下犯愁。鹅太太说："搬到山那边的草地去吧。"听了鹅太太的建议，大白兔背着行李，爬过山，来到那片草地。让大白兔惊讶的是，这里空气也不好，而且草很少。"没想到是这样的，该怎么办呢?"大白兔又犯愁了。这一次，大白兔下决心搬到更远的山里去。

小熊贪吃

小熊贪吃，很快就长胖了。小鹿提醒他说："要节食，还要运动哟。"小熊觉得小鹿说得有道理，开始跑步，也开始节食。坚持了一段时间，小熊看到小鹿说："我再运动，也没你这样健美的身材。"小鹿笑了说："你可别这么说，至少你身体更健壮了。这就是运动的好处。"小熊受到鼓励，继续坚持跑步。

我给语文老师们两分钟时间阅读，他们很快就读完了。我问他们："你们觉得这三个小童话有意思吧？"他们都说："有意思。"然后，我让他们讲一些感受。语文老师的感受集中起来有这么三点：

一是他们觉得这三个微童话虽然字数很少，但的确是童话，而且有趣味。

二是他们觉得这三个微童话都来自生活，好像里面的大白兔和小熊都是身边的孩子。

三是他们觉得这样的童话写起来不难，好像谁都可以写。

听他们讲完，我总结了一下，也谈了自己的体会。我说，当初我在新浪微博里写微童话，因为对话框最多只能写140个字，所以我就想办法用100多个字写出一个故事。另外，写的时候，为了让读者喜欢，我尽量让故事有趣味，而且来自于生活。这样，读者觉得好玩，还贴近生活。故事里的动物形象和孩子一样，读给孩子听，也容易吸引孩子。

我还对语文老师讲了微童话的写作，我告诉他们："如果你们写，也能写得很好。"我给他们几分钟的时间，让他们去写微童话。结果，每位老师都写出了很有趣的童话，有几位老师还当场读了自己的作品，其他的老师听了都觉得特别有趣。记得那次讲课，气氛非常好，大家都觉得收获很大。

其实，我给上海和广州的孩子讲作文课时，这个办法也用了多次。次次效果都很好，现场的每个孩子都学会了写微童话。

用微童话练习写作，是非常好的。它的优点有三个：

第一，让写作者明白并不是字数很多才算是一个故事。写出一个有趣的故事，其实只要一两百字。因此，写微童话能够让写作者没有畏难情绪，对写作有信心。

第二，善用生活中所有的物件和小事。包括吃过的水果，用过的文具，都可以变成童话里的元素，都可以转换成童话。因此，可以说，生活时时有童话，处处有童话。只要想写，就可以把自己的生活变成一个又一个的童话。

第三，微童话字数少，但故事完整，也符合小学生故事作文的需要。有的家长和老师总喜欢让孩子写很长的作文，好像写得长才算会写。其实，开始作文时，尤其写记叙文，只要孩子能写出一个完整的故事就可以了。先写短故事，培养兴趣，练习叙事能力，时间长了，孩子就会把故事写长一点了。

通过做微童话讲座，我有一个深刻的感受，那就是：写好作文，讲好故事，并不是技术问题，而是思维问题和观念问题。人人都会作文，每个孩子都能变成写作高手。家长和老师认为孩子不会作文，只是因为他们对作文、对孩子的认识不到位，教育孩子的思维没有很好地转变。

我用一些简单的语言和方法，启发很多孩子爱上了作文，也告诉语文老师，其实作文教学并不难。

9 巧用方法提高作文兴趣

"兴趣是最好的老师。"这句话差不多被人说烂了，但它确实是读书、写作、学习和工作中的好格言。只要对一件事情产生了兴趣，再努力去做，一般都可以做好，甚至可以做出卓越的成绩来。这样的例子在我们身边比比皆是，不必举例说明。

写作文也需要培养兴趣。为了培养学生的作文兴趣，提高学生的作文水平，语文老师用了各种招数。比如：有的老师喜欢要求学生背别人的作文，即背老师认为写得好的示范作文；有的老师推荐学生订阅一些作文杂志，然后让学生模仿或背诵上面的作文；有的老师直接让学生抄写一些作家文章里的好词好句，希望以好词好句的积累来提高学生的作文水平；还有的老师甚至经常带着学生去田野一边观察，一边收集写作素材，等等。培养作文兴趣，提高作文水平，对于语文老师可以说是大事。当然，对孩子们来说更是抓好学习的重要一步。

不过，以上这几种方法我都不太赞成，尤其是让学生背诵示范作文、摘抄好词好句。这些是比较笨的办法，往往吃力不讨好。因为要想写好作文，先要培养作文兴趣，让学生对作文有感觉、有感悟，真正能理解文字的奥妙并学会运用文字，创造新的文字世界。要培养孩子们的作文兴趣，不妨采取以下三种方法：

第一，多写短文、小诗，让自己习惯于用文字表达。这里需要语文老师和家长鼓励孩子写日记，让他们自由地用文字倾诉情感，记录生活。我大女儿从上小学开始我们就给她日记本，让她自己写日记，或者独立写一些短文、心得和随感等。女儿写日记时，我们不干预，也不偷看。这样，大女儿有了自由表达的机会，有了自由的文字空间，她就很愿意写。到了初中，大女儿喜欢记手账，喜欢写自己喜欢的文字，甚至倾诉自己内心的想法。这种日常又自由的写作方式特别锻炼人，尤其锻炼孩子的文字感受力和表达力。有些父母对孩子盯得很紧，平时孩子写作业都要坐在身边看着，让孩子心里很紧张。还有些父母甚至还偷看孩子的日记，被孩子发现了，也不愿意向孩子道歉。这些做法对孩子的学习和写作兴趣的培养，都是具有摧毁力的。没有自由表达的机会，孩子怎么会爱上作文，爱上写作呢？所以，这里我一方面希望老师和家长多给孩子留出自由的时间和空间，多鼓励孩子自主学习和作文；另一方面也希望孩子们要养成写小诗、小短文、心得和日记的习惯。常练笔，勤写作，文笔流利了，作文就不难了。

第二，订阅一两份少儿报刊，读一读里面的短文和作文。适合孩子课外阅读的，有两种读物：一是童书，如《窗边的小豆豆》和《爱丽丝梦游仙境》等。二是少儿报刊，如《七彩童年》《童话世界》《少年文艺》和《小学生学习报》等。童书得一本一本地读，但有些童书读完了，过一段时间就留不下什么印象了，这样的童书通常不是经典的图书。因此，要尽量买优质的童书，买经典的儿童文学作品集。订一份少儿报纸或刊物很合算，全年下来至少有12期，期期都有新鲜的文章。而且，报纸和刊物里的文章是多样化的，有诗、散文、小说和童话，还有些寓言、小故事和科普短文，等等。其文体多样，读起来轻松，而且不容易产生厌倦。此外，一般的少儿报刊都有作文栏目，每期都有几篇学生作文。这是同龄人的文字，孩子读起来有亲切感，而且可以做示范作文。大女儿的作文一直不错，与我们家里准备了多种少儿报刊有关。只要有空余的时间，她随手就可以拿到一份《少年儿童故事报》《儿童大世界》《小星星作文100分》《东方少年》《儿童文学》和《童话世界》等报刊，它们几乎每一期都有几篇文章吸引她去认真读。读多了，孩子对文字的理解、对文字的亲近感就变强了。而且，少儿报刊里会刊登一些同龄孩子的优秀作文，大女儿每次读了，都很羡慕，这无疑促使她更好地作文。所以，家长和老师不要忽视给孩子读一些少儿报刊，孩子自己也要适当主动地读一读少儿报刊，让少儿报刊变成孩子的学习之友。

第三，利用做手抄报的机会，培养作文兴趣。现在，各地小学都流行做手抄报，有的语文老师每个学期至少要布置学生做五六张手抄报，以至于有些孩子对手抄报都厌倦了。还有的家长会帮孩子做手抄报来应付老师。其实，做手抄报很锻炼人。如果孩子们利用得好，对作文兴趣和能力的培养会起很大的作用。大女儿读小学时，差不多每隔一周语文老师就要求做一份手抄报。我鼓励她认真设计版面，自己画插图，自己写文章。在一份用A4纸编排的手抄报上，她刊登自己写的儿歌、小诗、小故事、知识短文，还有幽默故事，等等。一个学期下来，相当于写了二三十篇小作文。有些家长喜欢让孩子把别的书上的文字或者其他报刊上的文字抄到手抄报上，甚至连图画也是用电脑复制过来的。这样做手抄报省时省力，但对孩子的绘画、写作和设计能力的培养，甚至耐心和毅力的培养，都是没什么好处的。当然，有的孩子本身也怕吃苦，老师布置的作业稍微多一点就叫苦连天，能拖则拖，能糊弄就糊弄。时间一长，不但总拖欠作业，作文兴趣和能力也没有提高。

　　一个孩子爱上作文、会写作文，靠的不是天赋和天才，也不是靠考前突击出来的结果。哪有一个人从来没有读书和练笔，就变成了作文高手的？根据我的教育经验，往往是学校、家庭生活中一些小的学习机会抓住了、利用好了，孩子的学习和作文就变好了。功夫不负有心人，要努力、坚持，多练习。家长和老师要多给孩子机会，而孩子自己也要主动学习、练习，其实作文不难并且乐趣多多。

10　小学中年级孩子怎么抓读写

　　按照一般的教学进度，小学三年级就要开始作文了，教材里就要求孩子写日记，编童话，续写故事，学习描绘、记录生活趣事，写观察日记和个人想法。也有些小学，老师会在二年级时就开始布置习作。但不少三年级学生很难由写话训练转到习作训练上来，到了四年级还是写不出一个生活故事，以至于有的语文老师觉得学生底子很薄，抱怨这些孩子读书太少，没法教好，家长自然也非常着急。

这种抱怨是有一定道理的。因为三年级开始习作训练，是有三个前提条件的：一是经过小学一、二年级的语文学习，学生积累了一定的词汇，也有了一定的识字量，有了读短文、短诗的能力，尤其是和语文课文字数、难度差不多的短诗、短童话和寓言等都可以读懂。二是通过语文课上的识字、解词、造句，有了一定的文字组装的基础。三是每次写话训练，如果学生认真完成的话，基本的语言表达应该是可以做到的。因此，小学三年级开始习作是符合语言学习规律的，是比较科学的。小学生到了三年级，就应该自觉抓读写，不能抱怨语文习作难，而且也不能回避对文字表达能力的培养。也就是说，三年级就应该要学习作文，练习写儿歌、小诗，学会讲故事了。同时，还要一边抓习作训练，一边抓课内课外阅读。

但三、四年级的学生要快速进入习作环节，先是要抓好课内阅读，提高对课文的理解力。显然，习作比写话难度大多了。写话只是比较简单的文字表达，即把自己想说的，也能说出来的话，通顺地写下来就很好了，但习作就要写一篇完整的作品。当然，这篇作品可以是一首儿歌或一首小诗，也可以是一篇100字左右的生活故事、童话或寓言。这就意味着学生要对文体有一定的认识能力。要知道什么是儿歌，什么是小诗，什么是童话，什么是寓言，什么是生活小故事。因此，学生一方面要注意每篇语文课文的特点，仔细体会儿歌、小诗、童话、寓言和生活故事之间有何不同，另一方面也要学习这些作品不一样的表达方式。比如，读儿歌时，要注意它很顺口，很押韵，适合朗诵。读《听听，秋的声音》《童年的水墨画》《花牛歌》这样的小诗时，要注意它的想象力如何，诗人是如何联想的、是如何想象的，自己是不是也会这样联想和想象。读语文课本里的诗时，要注意它的画面感。一般每首诗里都有一幅画面，自己是不是可以画出来或者描绘出来。读《在牛肚子里旅行》《我变成了一棵树》这样的童话时，要琢磨童话里的形象和生活中的人哪些是一样的、哪些是不一样的。另外，伊索寓言、克雷洛夫寓言和《陶罐和铁罐》这样的寓言为什么要讲道理，它们是怎么讲道理的。读课文时，习惯于这样想，对课文的理解力就不一样了。这样学语文，这样多思考，就会培养文体意识，掌握不同文体的组织规则和写作方法。**习作，就是学写作时的对简短文字的训练，是最初的文字组装游戏。随着习作练习的增加，孩子的写作能力就会逐步提高了。**

另外，课外阅读要同步抓。小学一、二年级时，课文主要有儿歌、儿童诗、儿童散文、童话、寓言、生活故事、古诗等。那么，小学低年级课外阅读最好和这些文体匹配。可以读一些名家选编的儿歌，读几本著名诗人写的儿童诗集，读十来本短童话、寓言，再买一本名家选编的古诗。这样，课内和课外结合，就很容易认识课文、理解课文，还能快速增加识字量，也能快速提高阅读速度了。到了三、四年级，如果小学生能每个学期读两三本儿童诗集，读四五本童话和生活故事，读一两本寓言，再读三四本儿童散文，那么他的阅读能力就基本具备了。

不少孩子不知道课外该如何读书、读什么书，这里我有三个小建议：

一是读课文里提到的作家和诗人的书。比如郑振铎、叶圣陶、巴金、郭风、任大霖、顾鹰等人写的书。

二是订阅两份适合小学生读的刊物。尤其是像《小星星作文100分》这样的刊物，它既有作家作品，还有同龄人的优秀作文，很适合与课文同步阅读。

三是要买一些真正的名家的儿童文学作品。比如，叶圣陶、丰子恺、冰心、徐志摩、萧红等名家创作的适合儿童读的作品。还要读国外的儿童文学名著，如安徒生童话、法布尔的《昆虫记》和泰戈尔的《新月集》《飞鸟集》等。

在读这些书、报纸和杂志的同时，学习一些讲故事的技巧，练习一下写小诗，写百字散文、生活故事和小童话。这样一来，课外阅读和课内阅读联动，读和写结合，语文就容易学好。这样，三、四年级的孩子就能够顺利地完成由写话到作文的转变了。

提高写作能力，让孩子用文字与心灵对话

先学会读书，再谈如何写作

问：谭教授，请问一下，二年级的孩子不喜欢古文，应该怎样引导呢？

答：二年级的孩子不需要学古文，因为二年级的孩子还不能理解古文。如果你提前给孩子学古文，可能会让孩子因为畏难而放弃对语文的兴趣。你想一想看，我们大人读古文都费劲，而且也不感兴趣，更何况二年级的孩子呢？学古文是必要的，主要是了解过去。但学古文和古诗词，除了以后考试有用，其他基本没有用。因为我们生活、工作在现代环境，一般不需要掌握古文的知识。不过，学点古文和古诗词可以提高素养并了解过去。当然，如果以后孩子想做这方面的研究，古文和古诗词学习就是打底子了。

问：孩子应该怎样阅读课外书才能对写作有所帮助呢？

答：这个问题问得非常好，是很多孩子在课外阅读中普遍存在的问题，也是家长普遍关心的问题。其实，课外阅读虽然说主要在家里进行，但语文老师也要担负起责任。语文课上，老师不只是教课文上的知识，更要教学生如何去理解课文，理解文字的奥妙。如果在语文课上对理解力的培养到位了，学生就会对文字和阅读感兴趣，孩子就愿意找更多的书去读。但家庭是孩子进行课外阅读的最主要的场所，因此家长要尽量多准备一些适合孩子读的书，并且要尽量订购两份适合孩子读的报纸或刊物。这样，孩子的课外阅读可选的材料会多一些。具体来说，孩子应该怎样读课外书，我觉得要注意三个方面：一是课文里出现了哪类作品，课外就要接触这些门类的作品。这样的课外阅读，就很容易与语文课联系起来，不但可以拓宽阅读面，还可以巩固对课文的认识。比如，学了叶圣陶的《小小的船》，就要找一些儿童诗读一读。这样，就提高了对诗的认识，也提高了对这篇课文的理解。二是读课外书时，要品味和思考里面的意义。比如，读一篇小说，就要想一想小说主人公的命运为何如此；就要想一想，有些地方为什么给人奇妙的感受。多思考就能提高对文字背后的意义和内涵的认识。读课外书也要动脑筋，而不只是为了消遣。三是对一些短小精美的作品，可以做一些模仿写作的练习，这样更容易提高自己的写作能力。所谓读写结合，大体就是这样的。

问：请问您如何看待小学高年级学生用思维导图来辅助读书呢？谢谢！

答：这些年，思维导图教语文，教阅读，教作文，甚至教数学，教英语，很时髦。我也听过几堂这样的示范课和公开课。思维导图主要是一种思维训练，但根据一个图来写作文，我觉得不是一个好办法。无论平时作文还是考试时作文，哪个人真的会先画一个导图，然后再去根据导图作文呢？还有，谁会根据一个导图去读一本书呢？肯定不会的。但画思维导图可以训练思维。比如，读了陈忠实的《白鹿原》，可以画出这部小说里的人物关系图。在画图的过程中，可以更清晰地理解小说里的社会机构、家族模式和叙事特点。但小说家在创作时是不会根据一个图去创作的，一般读者也不会根据一个图去读一本书。因此可以说，思维导图更多是一种思维训练，便于理解事物。具体到读书和作文时，思维导图就不是一种必需的方法了。

问：谭教授，读书与孩子"三观"的建立有什么关系呢？

答："三观"就是人生观、价值观和世界观。读好书，当然能够帮助孩子树立正确的价值观、人生观和世界观。反之，不好的书就达不到这个效果，甚至会使儿童的价值观扭曲。比如，一味地给孩子读流行书，就容易导致孩子追赶时髦，不信任经典，甚至品位低俗。因此，给孩子选书、读书是一件很谨慎的事，家长和语文老师不可 粗心大意。

问：谭教授，您说过语文阅读应该唤醒孩子内心，可是现在的考试就是要考这些标准答案的试题。我们做老师的也很苦恼，读更多的书是要有胆量的，要禁得住时间的检验。不过，现在没有哪一个学校愿意做三年或者更长时间的等待，毕竟抓阅读是长效性的，是需要时间的。成绩把语文教学逼成没有一点语文味道的枯燥教学，这种情况怎么改变？

答：首先谢谢你的真诚！作为大学里的文学课老师，我也有同感。你所说的，其实也是绝大部分语文老师的焦虑。的确，没有哪一位语文老师能够改变现有的语文课本、语文考试模式和评价标准，甚至一个普通的语文老师连本校的年级组长的意见都没法违背。因此，作为普通语文教师，要改变一些东西是很难的。不过，即便如此，语文老师仍然可以改变自己的课堂，让课堂更加符合孩子的需要，更符合童心，更能体现对孩子的理解。孩子们也很聪明，当我们在努力唤醒他们时，他们是感觉得到的。而当我们是在功利地教学时，他们也知道，只是不敢公开说而已。另外还有一点，多读好书，让孩子更加信任文字，对语文学习只有好处，没有坏处。读课外书和学语文不矛盾，不冲突。有些家长和少数语文老师认为读更多的书会影响成绩，这是错误的。

问：谭教授好，在给孩子选择好书的过程中，应该怎样合理看待各种网站和公众号的书单排行榜呢？教孩子作文的过程中，有种观点是让孩子多背多读优秀的作文，这种观点您认可吗？

答：这个问题很好。所有的书单排行榜都是参考性的，千万不要把这些当作读书指南，尤其不要认为这是什么必读书。现在各种书单排行榜背后是商业性的力量，我觉得家长和语文老师要注意分辨。另外，教孩子作文，建议不要让孩子背诵优秀作文，但可以读同龄人的作文，通过读同龄人的作文，感受、感悟和理解同龄人的文字组装方法，提高自己的作文能力。背诵示范作文、标准作文，然后去套作，这其实也是变相抄袭。

问：谭教授好，家长如果没有读书习惯却要求孩子爱读书，我认为这是不合理的。我想问您，成年人如何培养阅读兴趣、养成读书的习惯，为孩子做榜样？

答：谢谢你！你太诚实了。我们做家长的如果不爱读书却要求孩子去好好读书，的确是没有说服力的。培养读书习惯，靠的是坚持。如果你每天都抽出一点空闲时间读读书，周末和假期陪孩子一起读读书，孩子就能感觉出你是爱读书，也是爱学习的。爱读书的父母，在孩子的眼里一定是不平庸的父母，是有追求的父母。正所谓言传身教，读书也是一样。

问：谭教授，孩子可以读现代诗歌吗？我有点担心孩子过分追求诗意而忽略其他的写作能力。

答：诗是用精练的语言写出来的。好的诗里的意象很灵动，意境很优美。读诗，特别容易培养孩子的语言感受力，对成人也一样。读诗不只是追求诗意，追求诗意不一定要读诗。读诗，对孩子来说，最大的好处就是培养孩子的语言感受力，对词语的敏感度。另外，小学、中学和大学的语文课本及文学选读课里，不只是有某一类作品，一般既有新诗、古诗词，还有散文、小说、戏剧等多个文体。因此，从小读书，就要注意多样化，涉及各种文体。不然，就容易产生阅读偏见。有阅读偏见，既不利于语文学习，也不符合学习的规律。

给孩子自由创作的空间，让孩子爱上写作

问：谭教授好，孩子不爱写东西，除了学校要求的作文，其他都不愿意写。要怎么让孩子爱上写作呢？

答：孩子不爱写作，和语文课有很大关系，因为学校里的作文课大多是无趣的。很多孩子是在没办法的情况下才硬着头皮去写模式作文的。但写作兴趣是可以通过家庭环境培养起来的。如果家里有很多书，孩子爱读，而且父母给孩子表达的自由和机会，让孩子有独立的发呆、思考和写作的空间，孩子一般都会写点东西，比如写日记之类的。因此，父母不要时时盯着孩子，把孩子的课外时间安排得满满的，应该给孩子一些独立、自由的时间和空间，让孩子用文字与心灵对话。这样多好呀。

问：谭教授好，孩子每次写作文就抓耳挠腮的，没有思路，写出来的内容也比较像流水账。怎样才能丰富阅读量并提高写作水平呢？

答：写流水账并不可怕。一开始作文，能把一天的事清清楚楚地记录下来，就是很好的。当然，学会记流水账后，再问一问孩子这一天发生的事情里哪一件最有意思、最没趣、最可怕……孩子回答了，你就让他抓住一点去写。比如，写"最有意思的一件事""没趣的事""最可怕的事""最令我失望的事"等等，写细一些，写长一点。这样就可以从记流水账过渡到写生动的故事作文了。

问：谭教授好，请问上了中学以后应试压力增大。老师在学校教一些写作的套路，孩子越来越不主动写作了，作为家长该怎么办呢？

答：你这个问题很典型。目前来看，最好的办法就是告诉孩子，作文写不好，语文考试肯定不行。语文考不好，上名校就没希望。现在，中考和高考基本上都是考材料作文，是有套路的。但我觉得只要孩子愿意写，越有套路的就越容易学会。比如，写材料作文，先要从材料里提炼一个观点，然后围绕这个观点进行论述论证，在论述和论证时结合自身的经验和体会再举一两个例子，就可以把观点说清楚、说透彻、说得让人信服。所以，你应该告诉孩子，不要害怕作文。其实，孩子应该怕的是考那些没有套路的东西。如果有套路的作文都写不好，其他的文字要写好，恐怕也难。

问：孩子写应试作文总得不了高分，她写着写着就写成散文了，写应试作文应注意哪些呢？

答：孩子写应试作文得不了高分，一般有三个原因：一是不太切题；二是结构不太完整；三是逻辑性不强。在写作中，应试作文是最好写的，因为它是有模式的。老师讲模式时，学生就按照老师说的模式去写。就好比做肉包子，怎么和面、怎么做馅、怎么捏面皮，把这些做好了，就成了。告诉孩子，语文老师讲应试作文时要认真听讲。应试作文不好好写，其他的文章就更写不好了。不要认为你不会写应试作文，写散文和其他的文章就能写好。

问：谭教授，您好！我想请教一下，如何写好中考作文呢？中考作文写记叙文需要注意哪几点呢？

答：你这个问题太大了，几乎把初中语文老师三年的工作都问了。不过，写好中考作文不难，平时要多练笔。不练笔，写得少，就很难掌握写作的技巧。另外，每次作文时都要养成认真修改的习惯。写完了作文，要自己看看是否写得可以，是不是需要修改。记叙文就是讲故事。让孩子在讲故事时先学会讲一个完整的故事，然后再逐渐地把故事写得生动一些、有趣一些，能够表达情感和思想。

第五辑

谭教授家庭教育故事

　　每个孩子都是等待绽放的花朵，父母则是培育花朵的园丁。想做合格的园丁，需要智慧与正确的方法。

① 孩子需要父母共同的陪伴

大女儿刚上小学那一阵子，我老是出差，要么参加一些文学活动，要么到外面去指导学校语文教育。这周跑到广州，下周跑到福州，再下周则跑到了洛阳，或其他地方。有时刚从外面回到家里，和爱人、女儿一起才住了三四天，又坐高铁或乘飞机出门了。

有一次，我在整理外出的行李和资料时，爱人开玩笑地对我说："你又出门了，家里像旅馆一样，我这是丧偶式育儿呀！"听了爱人的话，我心里很不好受，但她说得很有道理，也及时提醒了我。如果我老是出门，在家里住的时间少，肯定会让女儿缺乏父爱的呵护。孩子需要亲子陪伴，这是父母共同的责任和义务，不应是由母亲一个人承担的。况且一个家有很多事情，比如双方老人如果身体出了问题，还要去照顾。另外，家里还有很多具体的、琐碎的家务事和孩子教育相关的事。这些事看起来都不算是大事，可需要花很多时间、精力，还要花钱。因此，家庭里的各种事情不能完全推给母亲，做父亲的更要主动参与，承担责任。

但这些年，女儿的成长基本上都靠我爱人，家里有什么事也靠她撑着。比如，买房子，装修房子，还贷款，照顾几位老人，参加家长会和老师沟通，等等。加上爱人本身工作任务也不轻松，在大学里教书也很辛苦，所以我理应多出力，多用心。

于是，我和爱人商量，以后出门尽量少一些，而且在家就多和孩子交流。大女儿小的时候，我一回家就会和她一起玩，和她一起拼积木，给她讲故事，给她读书，还和她一起玩其他的游戏。大女儿从小性格开朗，也和我带她和别的小伙伴一起玩耍有很大关系。当然，在家多陪女儿，多承担亲子教育的责任，也缓解了爱人的精神压力，让她有了一些时间去备课，去写论文，去做一些翻译。所以这些年，爱人在做家务、教育孩子的同时，也出版了两本学术著作和二十多本译著。而我因为陪伴孩子，受到了很多启发，为创作增添了一些素材，也积累了儿童教育的思考。于是，随着大女儿由小学到中学，在她渐渐长大的过程中我也写了不少儿童文学作品，还出版了多部儿童教育、亲子阅读及儿童文学研究的著作。当然，最大的收获就是大女儿在父母的有效陪伴和引领下顺利成长、品学兼优，考取了北京大学。

4年前，小女儿出生了。因为陪伴和教育大女儿积累了很多有效的经验，所以小女儿的养育就轻松了很多。现在她上了幼儿园小班，各方面表现都很好，从来不哭闹，还爱笑，爱和小朋友一起玩，善于交流，不挑食，也会自己照顾自己。幼儿园的老师说她特别棒，不需要多操心，很讲秩序，懂礼貌，也有良好的生活习惯。幼儿园的老师多次对我爱人说："淳子表现可好啦！我们都喜欢她。"爱人把这些话传给我听，我的心里美滋滋的。自然，我也很感激爱人。我依然时常在外讲课、讲学，做一些教育指导，她全身心地教育孩子，奉献了很多很多。

② 孩子自立自信才能进步

2021年6月25日上午10点左右，北京市高考成绩可以在网上查分了。大女儿第一时间去查。当她告诉我们成绩时，我和她妈妈都特别高兴。但大女儿哭了，因为这次高考的成绩与她高中阶段几次大的考试相比，还是稍微低了一点。也就是说，她没发挥好，尤其是英语，之前历次考试都是满分或接近满分，但这次才拿到了130分。我和爱人安慰女儿，我们也知道大女儿即使不能上北大，至少也可以上人大或复旦。过了两天，我们家就陆续接到北大、人大、复旦、中科大和香港中文大学招生老师的电话，他们都动员我大女儿以第一志愿报考这些名校。尤其是中科大和香港中文大学的招生老师的素质特别高，很善于与考生和家长沟通。他们表示可以提供奖学金和其他优惠政策，我们深深感受到了这些学校的热情，也为大女儿能考出不错的分数而开心。

实话实说，大女儿不是那种刻意培养出来的学霸。她一直就是一个保留了天性、比较快乐和自强的女孩。大女儿小学是在石景山实验小学读的。实话说，这是区里比较好的小学，但师资条件以及学校的其他条件并不都令人满意，总体来看就是一个一般的社区小学。但大女儿小学时就养成了自立的习惯。三年级开始，她主动请求自己背着小书包，每天自己乘公交车上学。当时，我们家住在离小学有五站路的大学校园里，每天上学和放学，路上总共要花费一个小时。一般的家长都会开车接送，没有车接送的孩子，至少也有老人或保姆去陪同上学与放学。但大女儿三年级时不但自己上学，而且每天放学回家第一件事就是把作业写完。所以在整个小学阶段，我和爱人都很省心。大女儿坚持在吃晚餐前完成老师布置的作业，一次也没欠过账。记得有一次，她好像是因为和同学一起玩，忘记了写作业，妈妈严厉批评了她。她一边抹眼泪，一边很快把作业补写好了。从那以后，她再没有因为作业而让妈妈生气过。当然，我们也鼓励她自己安排好时间，管理好自己的生活。她一直坚持晚上9点前睡觉，而且临睡前会把第二天要用的课本和学具全部整理好，放到书包里，这样不至于第二天早上慌慌张张的。因此，小学六年，她的每门课程几乎都是满分，每次期末考试都是班级第一和全年级第一。虽然她没有当过班长和学习委员，却热爱劳动、乐于助人，争做社区志愿者，还评上了石景山区三好学生、北京市三好学生和北京市优秀志愿者。

回想大女儿小学的生活，如果有什么值得骄傲的，那就是她养成了良好的学习生活习惯，学会了自我管理，也学会了自立，同时也培养了荣誉感和自信。她不但对班级的事情很热心，而且很愿意帮助学习成绩差的同学。看到一些男生欺负女生，她总是敢于出面说话，很有正义感。学校里的午餐，她每次都是"光盘"，从不剩饭剩菜。老师说，她是学校里六年来唯一没有剩过饭菜的学生。这些都为她初中和高中的学习奠定了基础。

我身边有不少家长，他们恨不得天天让孩子参加各种补习班，而且孩子两三岁就被要求背诵唐诗宋词，甚至有的家长一发现孩子出了问题，考得不好，就骂孩子笨，甚至打孩子。我和爱人从不打骂大女儿。每当女儿遇到了学习上的小困难，我们都鼓励她自己去解决，让她自己去思考，去发现，去找到方法。我是大学中文系的教授、博导，爱人也是大学教师，我们都获得了博士学位，有些同事以为我们专业水平高，肯定每天都在辅导大女儿的学习。而事实上，我的工作很忙，也从不指导大女儿做题、作文。在语文学习上，更没有让她背诵唐诗宋词。她写作文，我告诉她尽量不要引用别人的话，要用自己的话写作文，千万不要引用什么名言警句和唐诗宋词。我对她说，连三四百字的作文里都要引用别人的几句话，那怎么能写好作文呢？作文一定要写自己的话，要学会用自己的文字讲故事、绘景、状物、发表观点看法和抒情。女儿的作文能力与她博览群书有关。家里书很多，少说有三万册吧，所以女儿一有时间就会拿书读。女儿的领悟力比较强，她读到了好的作品，心里都会想一想，发发呆。每当这时，我们都不打扰她。她坚持用自己的话写作文，即使有时候语文老师并没把她的作文当范文，但我们这样鼓励她，却培养了她对作文的兴趣。

她小学写过的一些作文、散文和童话，达到了发表水平。我推荐给《中国校园文学》《东方少年》《小星星作文100分》和《少年儿童故事报》等一些报刊。很幸运的是，编辑老师们都比较欣赏并及时发表了。其中，《少年儿童故事报》还用了一个整版刊登她的童话、创作谈和照片。《东方少年》杂志也专题介绍过她，并刊登了她的童话。这些无疑也大大激发了她对写作的热情，让她对语文有了更大的信心。大女儿也爱绘画，平时有空闲时间时就喜欢画一画。有一次，在《文艺报》工作的师妹来我家，看到她画得特别好，就选了一幅刊在《文艺报》的"少儿文艺"版了。为了让她画得痛快，我们给她报过短期的绘画班，还买了各种画具和颜料。不指望她当画家，只要她喜欢画，我就觉得是很有意义的。也许是我们这样宽容对待她的兴趣和学习，使她更加快乐，而且越来越爱绘画和写作。可以说，在小学阶段大女儿过得非常快乐，她也充分释放了她的天性。

大女儿初中三年住寄宿学校，学习完全靠自觉。但她三年认真读书，还利用课余时间帮助学习成绩差一点的同学。中考时，她几乎每门课程都取到了优异的成绩。按照她的中考成绩，她可以选择北京四中，也可以选择北师大附属实验中学，还可以选择海淀区的名校人大附中和十一学校。也就是说，她的中考成绩让她可以有最大的选择空间，她能自由挑选最好的高中。为此，我咨询了两位做校长的朋友，也和爱人考虑到了北师大附属实验中学在西单附近。我们和大女儿商量之后，让她进了这所高中。

大女儿有志做医学专家。她被北大医学院录取后，我告诉了一些师友。也有一些师友问我一些培育女儿的秘笈。我笑了笑说："真的没有。要说有，那就是她小学时培养起来的自立的能力一直延续到了初中和高中。自立，自信，自强，而且有荣誉感，也愿意吃苦，学习肯定不会太差。"我和爱人交流，她也觉得大女儿主要是小学时养成了好的学习、生活习惯，而且她快乐自信，也能吃苦。她在北师大附属实验中学读高中时，大多数同学家里买了学区房，极少数在学校旁边租了房子，但我们家没这个条件。大女儿每天都是走读，从学校到我们家要乘坐4号线和6号线，早晚往返两个多小时，而且每次她早上6点起床去上学都赶上早高峰，而放学时间是下午6点，正值晚高峰，挤地铁的辛苦可想而知。但她遇到困难很少抱怨，都是咬着牙挺住。她对我说："爸爸，不要以为班上的学霸只是智商高，他们都是特别能吃苦的。"

希望大女儿以后在大学里继续保持这种吃苦耐劳的品质，继续以自强自立自信的面貌和饱满的精神状态来迎接每一个学习、生活和工作中的挑战。

③　旅行是增强亲情交流和教育的好机会

那一年，亚太经合组织会议在北京举行，要放六天假。这是一个特殊的假期，而且正是别的旅游景点的淡季，因此我和爱人商量，应该好好安排这次假期，带女儿出去旅行一次。

正好我的朋友一家也想出去旅行，于是我让爱人带着女儿和朋友一家一起去吉隆坡自由行，我则待在家里，一方面把一个出版社催得很急的稿子整理好，另一方面去新房子的装修现场看看，顺便也和装修人员商量一些细节。平常，看似我们时间很自由，其实很紧张。各种活动，包括教学和研究，每一天都安排得比较满，所以新房子装修基本顾不上盯着。正好利用这个假期，我到现场感受一下，和工人们多沟通，也可以使房子装修得更满意一些。

爱人带着女儿去吉隆坡回来，非常开心。女儿也觉得收获很多。她说，在那里感受到了马来西亚人的素质比较高，而且服务业很讲文明礼貌。当然，女儿回来还有一个收获，那就是学好英语会很方便。她决心以后更加努力学英语，争取下次出国可以与人简单交流。

我一直觉得旅行对孩子教育来说是一个比较好的方式。如果家庭经济条件允许，父母应该尽可能地在孩子读小学和初中时带他们出去旅行，看看外面的世界，探索大自然，了解各地的风土人情，同时也拓宽视野，形成更加乐观豁达的性格。女儿现在读小学六年级，可以说也是见过世面的，我带她去过多地旅行。寒假、暑假，只要有机会，我就会带她出门。我们去过北戴河，在海滨度假；去过贵州，看黄果树瀑布，看苗族山寨，到黔西南自治州看二十四道拐、马岭河大峡谷、万峰林和双乳峰等风景，领略黔西南苗族和布依族的文化；去过黄山，登天都峰，看黄山松，感受云海和飞瀑等美景，还逛了宏村、西递和屯溪老街等徽文化民居；去过广西，观赏过德天大瀑布和其他广西的山水、人文景点；去过香港等大都市，游过迪士尼乐园……带女儿去旅行，是一种陪伴，当然，也是一种很直观的教育。在旅途中，她在观赏风景的同时能学到很多知识，了解很多情况，也能感受到爸爸是关心她、爱护她的。

记得有几次，爱人故意逗女儿说："你喜欢和爸爸一起过，还是和妈妈一起过？"女儿不说话，她好像很矛盾。看得出来，女儿是很喜欢我带她旅行的。她既喜欢爸爸，也喜欢妈妈，无法只选择一个。因此，面对妈妈的问题就显得很为难。有一次，女儿在作文里写到我带她出去旅行的经历。她说，很喜欢跟着爸爸旅行，和爸爸旅行非常快乐。在条件允许的情况下，父母一定要带孩子去旅行。当然，如果家庭经济条件不允许，也不必去很远的地方。父母可以在节假日带孩子到离家比较近的周边地区逛一逛、走一走。旅行有长有短，但陪伴是一种爱的表达。

4 我的女儿是如何培养课外兴趣的

"双减"政策实施后，课外培训机构被关停或整顿，也有的开始转向其他的艺术类培训，不少家长感到有些束手无策。因为这些家长习惯性地把孩子送到各种语文、数学和英语等科目培训班，希望这些培训能帮助孩子提高课程成绩，而且能够缓解家长对成绩追求的焦虑。

但我觉得，"双减"政策实施后，虽然课外培训班少了，尤其是语文、数学和英语辅导班没有了，似乎孩子在节假日不能再多学学科知识了，但这也给家长提供了很好的亲子教育的机会。当然，也给家长提供了自我学习、提升教育能力的机会。

经常有家长会问我："谭教授，上课外培训班好吗？"一般来说，我会说："如果孩子愿意去上培训班，他不太喜欢待在家里的话，你可以让他去上。但不要给孩子报太多的培训班，留些时间给孩子发发呆，独自做做手工，或者看看课外书。当然，也要留一些时间，一家人出去逛逛公园、爬爬山，一起参加一些社区活动，或者全家人一起做短期旅行。"想起我大女儿小的时候，我也给她报过课外班。不过，不是识字班、语文学习班、作文培训班，也不是奥数培训班和英语辅导班，而只是给她报了一个绘画班，也跳了两年芭蕾舞，还给她请了一个古筝家庭教师，每周让老师到家里来教大女儿弹一次古筝。大女儿学绘画，总共不超过20次课，她掌握了基本的绘画方法，会用材料了，她就不再去参加培训了。而是让妈妈给她买了一些绘画材料，只要有空她就自己在家里画。古筝老师教得很认真，她学了三年，就达到十级水平，还多次参加社区演出，做志愿服务。然后，她又主动要求学弹钢琴。于是，我和爱人又买了一架钢琴，然后请了一位老师教她。直到初中二年级，没有时间每周练习了，她才开始自己有空就弹一弹。

我觉得对大女儿这种课外兴趣的培养方式就很好。不强迫她学，她也不为了表演而学，只是学一学，提高一下素养，培养一些对艺术的感受力。这样，就和她课外广泛阅读经典文学著作融合起来了，所以她从小对文艺就有很好的领悟力。我想，这与她有自由宽松的接触和学习文艺的环境有关。

大女儿初中时成绩一直很拔尖，她中考也考出了非常优异的成绩，顺利升入了北师大附属实验中学的理科实验班。但初中时，她为了锻炼身体，周末回家要求妈妈给她报一个芭蕾舞班。我爱人本来怕增加她的负担，不想让培训班占用她周末自由玩耍的时间，小学五年级就停了大女儿的芭蕾舞班。现在她竟然又主动要求跳芭蕾，我和爱人当然不会拒绝。不过，我们对她说："跳芭蕾，达到放松自己的目的就够了。"大女儿跳舞的一个初衷，除了爱美，也是想锻炼身体。大女儿跳得很认真，跳到了初三毕业，竟然被芭蕾舞老师夸奖得不行，还说："扬子跳舞的感觉很好，都可以上舞台领舞了。"可惜的是，高中阶段时间实在分配不过来，大女儿一心想考北大、清华，只好忍痛割爱。但初二、初三跳芭蕾的确让大女儿体质更好，而且性格也活泼开朗了很多。

好多家长之所以让孩子参加各种课外培训班，主要是想让孩子学习功课，多学些知识，然后考试成绩更好一些。还有些家长是为了发挥孩子的特长。当然，也有不少家长让孩子报一些语数英的培训班，的确是因为孩子在学校的课程学习效果不好，成绩达不到理想值。不管什么理由，给孩子报培训班要慎重，不要完全从功利角度来给孩子安排大量的课外培训，而要科学地思考和设计。不然，既浪费了钱，还浪费了时间，也不一定会真的提高孩子的成绩。

大女儿考上北大后，一些熟悉的家长问我是不是在西城区或海淀区买了学区房，还有的家长问我是否给女儿报了很多培训班。我摇了摇头说："靠买学区房和报很多培训班是不能解决孩子的成长问题的。学习中遇到的问题，很多都与家庭教育有关。家长还是要站在孩子身心健康的角度来安排孩子的课外生活。"

"双减"政策实施后，孩子们的课外时间多了，学校还是原来的样子。那么，家长就要好好设计，好好安排，让孩子多一些自主学习的时间和空间，在家里营造好的读书环境，也给孩子一个自主学习的空间和机会。当然，家长也要自己多思考，多学习，多多理解成长的生命需要我们家长能提供什么、能做什么。家庭教育不只是简单地花钱买学区房和给孩子报培训班，能花钱做的事都不是真正意义上的教育。教育是用心去关注，去呵护，去陪伴和引领。

⑤ 我的女儿是如何高效阅读的

六年级时，课业难度大了，语文课文也长了，且面临小升初的压力，因此不少同学课外阅读做得少，阅读理解能力不够，影响了语文成绩。

六年级学生如何高效阅读呢？我来给大家讲一讲我大女儿的经验。

大女儿是2015年才上初一，初一时的学习状态很好，学习成绩是全年级第一。她在小学阶段，语文、数学和英语几乎每个学期考试都是满分，而且是班级，甚至全年级第一名，也被评为北京市三好学生。她不是天才，也不是那种语数英学习成绩好但音体美很差的偏科学生。女儿的阅读能力很强，到了小学六年级几乎可以在几个小时内就读完一本10万字的儿童小说或童话。而且读完后，她能讲得头头是道。比如"哈利·波特"系列，她读得很轻松，几乎一口气，几天就读完了。因为课外阅读多，语文课文对她来说就很简单。在她看来，语文课文篇幅短，而且没有什么难词难句。她是不是有什么阅读的窍门呢？应该说，有。根据我的教育体会，她的窍门无非有三点：

一是她有很好的读书习惯，几乎不读那些乱七八糟的童书。班级流行的童书她翻一翻，但都看不上，只爱读经典。她从小学三年级开始就读《爱的教育》《小公主》《窗边的小豆豆》和《小王子》等世界儿童文学经典，而且读的是整本书。她每次读书，都会认真地读，用心地读，几乎不受外界的干扰。她读书时，无论是在自己的房间还是在爸爸妈妈的房间，我们都不打扰她，不对她指指点点。另外，我们也不让她写什么读后感，更不要求她回答什么问题，讲什么道理。每天她放学回家，第一件事就是完成作业。到了晚饭后，她想读自己的书，就读自己的书。

二是她也会经常读一些少儿报刊。她对我说，五六年级的学生，读一读《儿童文学》这样的杂志对语文学习和作文很有帮助。因为少儿报刊里的文字比较短，很多是一两千字的文字，读一读，很锻炼快速阅读能力，能够让自己在很短的时间之内找到文章的特点和意义。另外，少儿报刊里的一些短文综合知识比较多，读一读，能够补充语文课的不足。

三是在读短文时，如果是观点比较鲜明的文章，她会注意抓关键词、抓关键句。这样，读多了，就能很快抓住文章的核心观点，并找到最能表达文章内容的词句。如果是记叙文，故事性强，她很注意故事的情节、故事的悬念、故事的结果，还有故事里主人公的性格与特点。她说，抓住了这些，故事读完了，意义也就理解了。也就是说，女儿在读散文、童话和短篇小说时都会注意不同文体的特点，找到最值得自己领会的形式和内涵。实际上，女儿是带着思考去读，而不只是为了消遣。如果仅仅是消遣，她就很难通过阅读少儿报刊来提高理解力了。

六年级时，因为有很好的阅读基础，大女儿的学习很轻松。她几乎没有因为小升初有什么压力，只是按部就班地学习、读书，然后就顺利地毕业，进了好的初中。

现在，有的人提出"海量阅读"，也有人提出"主题阅读"。仔细想一想，这些都是功利性阅读。阅读能力的提高，是有一个过程的。而读书是要认真的，在识字量不多、理解力不够的时候就要慢慢读、用心读，读懂、读透，才能体会到快乐，才有收获。到了认字量大的时候，理解力也强了些，就要尽量读整本书，或者多读一些优美生动的文字，培养自己高雅的阅读趣味，给自己的阅读增加一些难度。如果一开始读书就追求"海量"，就要扣着"主题"读，那还有什么兴趣和快乐。因此，无论是哪个年级的学生，要真正提高自己的阅读能力，想做到高效阅读，就要耐心坚持，多读书，读好书，让美的文字充实空闲的时光。

高效阅读，意味着坚持不懈地阅读，意味着读懂读透，也意味着想象、思考与创造。

6 别让课外阅读变成孩子的任务

　　和一位家长聊天，我问她："对于孩子的学习，尤其是语文学习，你有什么看法？"她告诉我："我的孩子喜欢语文课。不过，我认为把阅读当成任务来完成，不会对提高语文兴趣有帮助。"这位家长还告诉我，孩子的语文老师布置了一个语文作业，就是阅读记录卡，让孩子根据国庆节期间的阅读内容来填写。她还说："我觉得阅读应该是在愉悦的心情下自然而然的行为。"我觉得这位家长说得非常有道理，把阅读当成假日的任务，就可能是一种负担。

　　这位家长赞同我的看法，还说："让孩子喜欢阅读，是从亲子阅读开始的。他们一开始喜欢上阅读的应该是父母阅读时的温暖的感觉，而后才是具体的阅读内容。"听到这段话，我对这位家长产生了由衷的钦佩，因为她说得太好了，而且真正理解了亲子阅读的价值。

　　但在国庆节期间我发现了一个普遍现象，很多语文老师给学生布置了阅读任务，有的还要写读后感。还有不少家长，一让孩子阅读就要写读后感，就要与提高作文水平结合起来。这样做，好吗？我觉得阅读不能成为硬性规定的学习任务。家庭亲子阅读，应该在轻松的氛围中，在孩子愿意和喜欢的情况下，家长给孩子读书，或和孩子一起读书。阅读一本书，只要孩子愿意听、喜欢听，阅读就有价值。很多时候，孩子愿意并喜欢父母给他们读书，开始不是想学知识，或者说被故事吸引，而是喜欢父母和他们一起分享阅读的感觉。他们觉得父母爱他们，关心他们，支持他们。而且书读多了，孩子的理解力、审美力、想象力和创造力会自然培养出来。

我遇到一位家长，寒假、暑假时让女儿读书，每读一本就要求写一个读后感。一个暑假或寒假下来，可以想象，孩子不但不喜欢读课外书了，也不喜欢放假了。这就好比有些家长，带孩子出门旅游，但回到家里就要孩子写游记，而且在出游前就叮嘱孩子一路要仔细观察，写出好的游记来。读书和旅游都是亲子活动，是亲子自然和谐交流的最好时机。如果把阅读、作文当作任务，让阅读变成一个完全带有功利性目标的行为，就难以达到应有的效果。

正确的亲子阅读和课外阅读，是不以"任务"身份出现的。如果孩子读某一本书时，父母也读了，就可以在合适的时机，与孩子进行互动讨论。我去浙江长兴做讲座时遇到了几位家长，他们都是国家公职人员。公务虽然多，但他们总是坚持伴读，即与孩子一起读书，还和孩子一起写读书笔记。这是一种亲子阅读的好方式，家长以实际的行动感染孩子，引领孩子，赢得孩子的信任。

寒假、暑假和国庆节等节假日的阅读，与平常的亲子阅读一样，都要尽量轻松一些，不要预设目标，不要强调任务，不要把考试与阅读结合起来。阅读就是一种放松，就是一种释放，就是一种心灵的自由旅行，就是在文字的世界里任性地玩耍。

7 有书陪伴的童年是多么幸福

　　经常接受报刊编辑的约稿，让我讲一讲读书的故事或谈一谈读书的体会。很庆幸，我的童年有书陪伴，有很多读书的故事和回忆。我的书架上摆着安徽教育出版社出版的《我的书生活》、万卷出版公司出版的《最初的脚步》、黑龙江少年儿童出版社出版的《有书的日子真好》和《乌石塘的孩子》、现代出版社出版的《翻开春天这本书》等七八本散文集。在这些集子里，我就讲过不少与书有关的趣事。这一两年，忙里偷闲，我又零星写了一些，还可以出两册。

　　童年爱读书，源于家里有书。说起来很有意思，我家并不富裕，父亲是乡村教师，母亲是赤脚医生。和乡村里大多数人家一样，我家孩子多，而且经济条件不好。一般人都知道，大家庭人多事多，负担也重，各种开销，单靠微薄的工资是支撑不起这个家的，更何况我和两个弟弟都是特别能吃能喝的男孩。但即使这样，我们家竟然有不少书，爱读书的父亲和母亲买了不少书。除了《水浒传》《三国演义》《西游记》和《红楼梦》，还有《说唐》《隋唐演义》《三侠五义》等各种古典文学著作，也有《高尔基成长三部曲》以及《基督山伯爵》《红与黑》《复活》《茶花女》和《普希金诗选》等欧美名著，而且还能读到《儿童文学》《小溪流》这样的儿童文学杂志。所以，小小的我，还不认识多少字，就开始一页一页、一本一本地啃这些书刊。虽然很多字句根本啃不懂，甚至完全是浮光掠影地翻阅、浏览，但我渐渐迷上了这些书刊。

可能是那时候语文课本趣味性和营养不够，在没有电视和其他的玩具的情况下，有这么多的好书读，而且里面有曲折的故事，自然是非常有吸引力的。记得每次放学，如果父母没有安排我去挑水、喂猪或摘菜，我就会拿起一本书，坐在屋子里或门槛上，认真地读。读到母亲喊我吃饭，才从书本里回过神来。"快来吃饭呀，不然菜都要凉了。"母亲又喊了一声，我才合上手里的书，思绪从书里的情节里走出来，然后起身，把书放到里屋，赶紧坐到餐桌边端起饭碗。母亲从来不因为读书耽误干活而责备我，对我和弟弟读书是很支持的。那时候，学校里的老师也几乎不布置课外作业，所以我不用担心没写好作业而挨骂挨批。

在家里，我是一个乖孩子。吃过晚饭，我会主动收拾桌子，把碗筷放到厨房的洗碗槽里，然后抹干净桌椅，把碗筷洗干净放到碗柜里。母亲烧好热水，给我们洗澡、洗脸或洗脚。剩下的时间，我又可以抱着一本书或杂志悄悄读起来。很多个夜晚，煤油灯下，我都在读呀，读呀。而母亲在煤油灯下缝补衣服，纳鞋底，做一些乡村女人常做的手工活。有时候，母亲还会一边做着活计，一边哼着歌。给我印象很深的是母亲轻声唱的《马路天使》《九九艳阳天》这样的抒情歌曲，还有一些我不知道名字的或舒缓或明快的民歌。和很多乡村女人一样，母亲勤劳坚忍、质朴无华。她还特别贤惠聪明，她做赤脚医生，给乡村女人接生，能帮助产妇把横胎顺利生出来；她纳的鞋底，正反面的图案一模一样，就像工艺品一样；她缝制的衣服，就和街上裁缝的手艺一样；她炒的菜，也比乡村里一般女人做的味道要好得多。村里谁家添了孩子，她都会缝制小鞋小帽，再用手绢包上两个鸡蛋，送给人家。我在读书时，也不时地观察母亲的手工。因此，有些简单的缝补，像钉扣子、补袖口的破洞之类的活也学会了。让我特别有成就感的是，每当母亲要换针线的时候都会让我帮她把细细的线穿进针眼里。我认真地穿着针，把母亲给我这样的机会当作一种荣誉。"我大仔的心眼细呢，做事也细致！"母亲接过我穿好的针线，总会开心地看着我，夸我一句，然后轻轻地叹一口气。我不能理解母亲为什么常会这样叹气，也许她是在怨艾自己没有给孩子更好的家境，也许是她叹息自身的命运。

　　小学二三年级的时候，我已经识字挺多了，比较喜欢看《水浒传》《三国演义》《西游记》《说岳》和《隋唐演义》这几本书。我喜欢书里的武打和战斗情节，羡慕里面的男人能大碗喝酒、大块吃肉。也可能是这些小说里的形象都是威武的男人吧，对我这样的男孩子是很有吸引力的。而且，我喜欢拿起铅笔，描绘这几本书里的插图。到了四五年级时，我开始读《红楼梦》，但读了几次，好像都没读懂，因为里面的诗都读不懂，而且不少心理活动也弄不明白。不过，几本外国文学名著却深深吸引了我。《基督山伯爵》《茶花女》和《复活》等书，让我的心灵受到极大的震动，我开始感受到了社会和人性里的复杂性。虽然不知怎么表达，但这几本书我都读了好多遍，每次都有一种让我更加沉默的力量。后来，我尤其喜欢阅读欧美文学名著，包括一些欧美诗歌集。而且，我变得不太爱打打闹闹了，喜欢安静了，大概也与这一时期的阅读有关吧。当然，绘画的爱好也是这一时期培养起来的。每次读完书，我都会反复欣赏书里的插画，临摹几次。于是，中学时我竟然多次在县里获得绘画奖。后来，我还发表了一些插画作品。

好的文字是让人安静的。优美的名著会让人心生优雅并产生对文字的敬畏。读书不是一件热闹的事。真正的读书，得在安静的环境里让心静下来，才容易进入文字的世界，才容易与书里的人物对话，才容易理解作家的用意，才能够感同身受，有情感的共鸣。现在，很难说童年读过的哪几本书对我的影响最深。童年读过的每一本好书，尤其是经典，都在潜移默化地影响着我。一直到今天，它们依然是滋养我内心的营养，是我审美的底肥。童年读过的那些书，对我来说都是难以忘记的，它们都化成了记忆的一部分，都变成了我成长路上的指路灯。

有时候我想，自己之所以能变成一位作家和学者，能够出版100多本作品集、60多本译著、30多本理论著作，而且这些书大部分都多次加印，一定与童年时期读过的那些书有紧密的关联。那些书教会了我认识社会和人生，理解生活和世界，学会爱，发现了美，找到了希望与理想。每一本好书都是一盏灯。从小小的我到两鬓斑白的我，心里一直亮着很多盏书的明灯！

8 告诉你我会写诗的秘密

　　我去北京海淀区第二实验小学做讲座，认识了四（5）班的班主任魏道魁老师。她经常给学生推荐我的书。周日晚上，她邀请我进了班级群，和同学们交流读诗写诗的经验。有一位同学读了我的童话诗集《我只是一只小鸟》，问我为什么会写诗。

　　我写诗，没有特别的理由，也不是一时头脑发热。记得小时候，我就有机会接触《诗刊》《人民文学》等刊物，能读到当时最有名的现代诗和外国诗。而且，我家里还有《中国少年报》《儿童文学》等少儿报刊，让我能读到一些最新的儿童诗。所以，小时候我就特别喜欢诗，也很羡慕会写诗的人，特别渴望有一天自己写的诗也能刊登在报刊上。那时候，我并不知道诗是什么、写诗有什么要求，只是经常会在本子上偷偷地写一些分行的句子。每次写完后，都不敢投稿，也不敢给别人看。不过，语文老师让我办黑板报和刻印校园作文小报。于是，我大着胆子把自己写的小诗抄在墙报和油印小报上。我第一次正式发表诗作是大二的时候。很幸运，后来投稿很顺利，发表的作品日渐增多，到大学毕业时我已经公开发表包括诗在内的作品300多篇。那时候，对如何才能发表，我已没有特别的感觉了，只是一直对写诗怀着满腔的热情。

　　我对写诗有比较清晰的认识，是写了多年以后。随着对文学和创作的理解度增加，我对于如何写诗和写好诗有了自己的看法。

其实，写诗没有那么多诀窍，不是天才行为，也不是什么莫名其妙的灵感。回想自己的写诗之路，我之所以能写诗并不断发表，最主要的原因就是小时候爱读诗，而且读了中外不同风格的好诗。那时候虽不知什么是意象和意境，但我对诗最基本的感觉和认识已经培养好了。所以，一提笔就不会很差，而且越写越爱写，越写就越多。所以，要会写诗，一定要多读好诗，那些阅读量少的人是很难写好诗的。读的经典越多，对诗的理解度越深，写好诗的基础就越扎实。

根据我的经验，要写好诗，先要培养语言敏感性。多读好诗，就能培养语言敏感性。语言敏感性是指在表达时善于找到恰当的词语或修辞。优秀的诗人都有这种素质，他发现了美的事物，有了美的感觉，能迅速找到恰当的词语把事物意象化、审美化。语言敏感性一旦有了，诗人的心灵会更灵动，思维会更活跃，想象力和创造力也会自然生发。

读诗写诗的人，心灵不会麻木。多读诗，读好诗，理解了诗，人就善于把自己与外部世界打通，心灵与自然就会融会贯通，写诗的技巧就会纯熟。因此，写诗不是天才所为，往往是勤奋与爱好的结晶。

所以，我希望孩子多读诗，读好诗，养成读经典的习惯。接受好诗和经典的熏陶，心灵世界会更丰富而轻盈，想象力和创造力更易被激发。这是受益一辈子的！

⑨　在公共场所要给孩子树立好形象

　　看了一则报道，一位奶奶带着十六七岁的孙子坐公交车。这位奶奶占了一个座位，她把自己的座位让给孙子，然后要求另一个女孩让座给她。那个女孩不愿意，说这位奶奶自己有一个座位，为什么还要别人给她让座。这位奶奶就不干了，还破口大骂，认为这个女孩不对。

　　其实，这位奶奶犯了两个错误：第一，她的孙子已经十六七岁了，她不应该把座位让给孙子。这完全是溺爱孙子。十六七岁的孩子难道不能站一站吗？第二，这位奶奶自己有座位，却把座位让给孙子，然后强求别人让座，可以说是一种强行占座行为。这是不遵守公共道德、不遵守公共规则的行为，应该受到批评和指责。而且，她这样做，等于给孙子树立了很坏的榜样。从家教这个层面来看，这位奶奶在公共场所的确没有给孙子树立好的形象。

　　这位奶奶强求座位的事，也让我想到多年前一次乘地铁的经历。那一天，我和爱人带着女儿去中山公园音乐厅听音乐会，我们是乘坐一号线去的，在八角游乐场地铁口进的站。我们从扶梯往下，进了地铁后发现了一个空座位，我赶紧让女儿去坐。没想到一个年龄约五十岁的妇女，竟然把我女儿拉起来，说应该让给老人坐。当时，我女儿才6岁，即将上小学一年级，而那位妇女的年龄和身体很好，就比我大几岁，也不至于在地铁里站一站都不行。但她可能觉得自己算是老人，孩子应该让座。我很生气，就对那位妇女说："我女儿才六岁，你好意思坐吗？"她听了很生气，竟然嘴里吐出脏话，还说："这地铁又不是你们家的！"我说："地铁是公共场所，我们也是买了票的，而且你也没有老到身体撑不住，更何况我女儿还是个孩子。"这位妇女恼羞成怒，还不停地骂骂咧咧，把我气坏了。

公共汽车和地铁上，的确是主张给老人和病人让座的，但年龄五六十岁、身体健康的人，何必要去享受所谓的"照顾"呢？而且遇到小孩子时，不管男人还是女人都应该尽量让孩子坐。这也是成年人最基本的爱心。和一个六岁的女孩争座位，算不算为老不尊，算不算缺乏爱心，算不算没有基本的公共道德呢？很显然，那位五十来岁的妇女就是一个既没爱心也不遵守基本公共道德的自私自利的成年人。不知道她想过没有，如果她的六岁女儿遇到这样的大人，她会怎么想呢？

在现实生活中，我们不时会遇到这样的成年人，很霸道，很自私，从来没有考虑过别人，只顾自己的利益，公共道德观念非常淡薄。把自己的座位让给十六七岁的孙子坐，然后去强迫另一个女孩让座给她，这位奶奶就很霸道，也很自私。但遗憾的是，她根本不自知，还认为自己没有错。无论是谁，在孩子面前都要尽可能树立良好的公共形象，在公共场所要遵守基本的道德准则，不要霸道、自私，给人留下很可恶的形象。不然的话，孩子要被带坏，还会招致社会的批评和指责。

10　我们家和谐幸福的秘诀

　　有一次，一家报纸要报道我家的情况。记者要我讲述我们家为何会变成文明家庭，我就和这位记者讲述了我家在石景山一个社区居住的几年里的情况。

　　大女儿小学阶段的六年，我们一家大部分时间居住在石景山区的一个比较好的社区。我们家人口虽然不多，但也属于比较令人羡慕的三口之家。当时，小女儿还未出生。我们全家非常幸福和谐，身体健康，而且都积极向上，算是一个比较受人尊敬的家庭，不但社区干部称赞，居民也交口称赞。

　　我本人在大学任教，工作二十多年，一向遵纪守法，既教书又育人，曾两次被评为优秀班导师和北京市师德先进个人。我曾担任过一届民族班的班主任。民族班的学生都是来自新疆维吾尔自治区、甘肃省和陕西省等几个西北省区的。他们大部分家庭比较贫困，而且有的还是多子家庭，负担一个大学生的学费都很困难。我了解到学生的基本情况后，有针对性地关心贫困学生，帮助他们克服学习、生活上的困难。有一位甘肃的女学生，生活费不够，也买不起手机，我就资助她。还有的学生很自卑，难以适应大学生活，感到焦虑。我就多次找他们谈心，沟通感情，让他们找到方法，释放焦虑的情绪。在社区里，我们也争取做合格的社区公民。我们全家爱护公物，遵守社区文明规范，从不损坏社区花草树木。社区里组织文明社会活动，我还带领学生帮助社区做宣传工作，为社区精神文明建设出力。

在社区里，经常可以看见，我们一家人在晚饭后一起手拉着手散步。我和妻子结婚二十多年，几乎不吵架，遇到一些问题总是一起商量讨论，家庭生活氛围民主自由。我和妻子也尽可能地关心邻居。邻居也是一位大学老师，她的女儿和我女儿一般大，她们都在实验小学读书。邻居两口子工作忙，有时候不能按时接孩子，爱人都会主动去帮助接送。楼下那一层同事的女孩丫丫和我女儿也在同一所小学上学。有一阵子她患了丹毒不能走路，家里又没车，爱人主动帮助接送上下学，整整一个冬天丫丫都没缺过课。有一次，爱人从超市回来，在社区里遇到了一位老人倒在地上。她走过去一问，原来老人心脏病复发，正指望着有人来救他呢。爱人赶紧开车把这位生病的老人送到了石景山医院。因为抢救及时，这位老人没有留下后遗症。老人从医院里出院后，他的女儿一再表示感谢，要给爱人礼品，爱人笑着说："这是小事，我们都是邻居，应该做的。再说，哪有见到老人患急病倒在地上撒手不管的呢！"同一楼层的另外两户邻居，我们也和他们相处得非常好。有时候，谁家有了好吃的还互相送一点给对方。我的邮件多，特别是快件多，有时候我们家里没人，邻居就热情地帮我们收取。可以说，我们这里邻居关系非常和谐，好像是一家人一样。

我们 家都爱工作，爱学习。我在大学，不但教学受学生欢迎，科研也比较突出，承担过国家级、教育部、北京市和上海市等多项社科规划项目的负责人，还出版了多部理论著作。

2010年10月，我的文学理论著作获得了国家最高文学奖鲁迅文学奖，受到了很多媒体的关注，也接受了国家领导人的祝贺和颁奖。我还有多部图书获得冰心图书奖、"三个一百"原创图书奖等。爱人也出版过学术专著，还有多部译著出版。我和爱人两个人出版的各类图书就达几百种。我们一家也讲诚信，对人很真诚。有一次，爱人到楼下的小店里买菜，售货员把五十元的钞票当成了十元找给她。回到家发现后，她赶紧送还给售货员。还有一次去建设银行存款，工作人员搞错了，多了一位数，爱人及时指出，避免了银行工作的失误。我的学生有什么问题来找我，我都尽量帮助和解决。特别是每年学生临毕业时，我要指导多篇毕业论文。每次我都会认真负责地指导，直到学生写得达到合格标准，甚至优秀。这样的事例很多，不一一列举。我总觉得，人无论在哪里工作和生活，都要真诚守信、为人厚道。

我们一家喜欢过低碳环保的生活，节约用水用电，比一些三口之家住户用水量用电量差不多少一半。比如说，我们经常会把洗蔬菜的水和洗衣水收集起来，留着冲马桶。这些看似"小气"的行为，却节约用水，保护了水资源。我常常对大女儿说："我们生活在北京，这是一座缺水的城市，我们更要节约用水！"我们家的生活垃圾从不乱扔，都是分类整理用袋装好，放到垃圾箱里。我们家有车，但一家人出行也很少开车，都尽量乘地铁、坐公交。我本人出去开会、上班，都尽可能步行或乘公交、地铁。周末时，我们一家人还经常爬西山。我觉得爬山不仅仅锻炼身体，还培养坚强的意志。每一次爬西山时，我都带着大女儿爬到七处，站在最高峰，远眺北京城。我对大女儿说："站得高，才能看得远！'登东山而小鲁，登泰山而小天下'，爬山会让我们懂得很多人生的道理！"夏天时，如果没有大风，我们一家人常在社区里打羽毛球，锻炼身体，也带动了一些家庭参与锻炼。

我们家有一个特点，就是爱学习。到我家去，一打开门，相信你一定会感到惊讶。客厅里三面都是书，没有电视机，卧室里也摆着书柜。大部分空闲时间，我们一家都在读书。夜晚通常的情况是，我在客厅里读书，爱人在卧室兼书房里读书，大女儿在自己的房间里练琴或读书。有了小女儿后，每晚她早早睡觉，我和爱人就开始利用这个相当空闲的时间读书。我有了问题和爱人讨论，爱人有了问题也喜欢和我讨论，我们一家人经常会在一起商量事情。

有一次参加社区居委会组织的活动，得知居委会设了一个图书室，我就拿出400多册崭新的文学杂志和图书捐赠给居委会图书室，给社区里的老人和孩子读。2011年，我给朝阳区北师大奥林匹克花园附属小学捐赠了4000多册图书，被《中国教育报》和《出版人》杂志报道。我还义务指导社区家庭进行亲子阅读，给社区居民做阅读指导讲座。和一些居民聊天，我发现社区里有些家庭缺乏好的童书时，就拿出家里珍藏的一些优秀童书送给他们。我们还积极参与社区活动，支持社区工作。街道办事处一些活动请我参加，我总是愉快地答应。爱人也积极参加街道办事处主办的演讲比赛，获得了第一名。我们也会鼓励大女儿积极参与社会实践，如参加社区迎新春活动，表演古筝和舞蹈，赢得了很多居民的称赞。小学五六年级时，她被评为北京市学雷锋社区文明小天使。好几个暑假，大女儿都参加了区里和街道办事处组织的活动，还参加了一个关于"中国梦"的主题演讲，获了奖。

非常荣幸的是，2015年我们一家当选为"全国五好文明家庭"和"首都和谐家庭"，还被评为石景山区"五好家庭"。这是大家对我们的信任，也是对我们一家人同心同德建设幸福和睦家庭的努力的肯定。二女儿出生后，我也调了工作，家里的事情又多，但我们全家不但继续支持社区工作，还一如既往地乐于助人、热爱生活。无论我们家是住在石景山区的社区，还是住在其他社区，都要继续努力，做遵纪守法、有爱心讲公德的家庭，还要做爱学习爱劳动的家庭。

后记

"双减"背景下如何处理家庭教育问题

假期的时候，我一边整理这本书稿，一边和上海大学附属小学的朱燕校长以及周骏青、汪建芳等几位语文老师进行了沟通，也和我的研究生、目前在苏州枫桥小学任教的金肖妍进行了沟通，向他们这些一线语文教师了解一些关于家庭教育的问题。

一

周骏青老师告诉我，她担任班主任和语文老师，目前遇到的问题和困难有以下几个：一是家长工作繁忙，辅导时间不能保证。二是家长缺乏一定的教育方式，辅导不到位。三是家长学历及自身教育程度不一，造成对学生辅导的层次不同。四是家长重视程度不一，教育理念不同，有的家长和老师之间没能达成共识。

针对周老师说到的这几个问题，我是这样回答的：对工作繁忙的家长，一方面要理解，另一方面也要告诉家长，无论多么忙碌，孩子的教育是最重要的。养育孩子，也是事业。孩子的成长，需要家庭和学校共同努力、携手前进。对缺乏教育方式方法的家长，要提醒他们学习，不能做被动的父母，应该主动承担起父母的角色，要有学习习惯和学习能力。没有谁天生就会做父亲和母亲，都是要学习的。主动去改变，主动去优化，让自己成为更合格的父亲和母亲，这也是所有父母应有的意识。对家长的学历和能力差异造成的问题，老师也要敢于和家长交流。学历层次低、教育能力差一点的家长，肯定会遇到很多困难，甚至有很多时候他们根本没有辅导孩子学习的能力。那怎么办呢？老师应该告诉家长，即便如此，家长依然可以变成孩子学习与成长的支持者和引导者。因为家长可以学会鼓励孩子，用努力生活的姿态以及朴素的爱去感染孩子。对于那些不太重视孩子教育的家长，也要做好沟通工作，尽量让家长和老师一起配合。当然，做老师的也要把握一个度，不能给学生加过重的学习任务，不要用各种活动和作业把家长和学生的课外时间填满。

二

汪建芳老师对我说，老师在家庭教育指导的过程中发现有两个主要的问题：一是有的父辈家长和祖辈家长教育理念不一致，导致家庭教育理念无法统一，家庭教育的过程中易产生矛盾，和学校形成不了合力。二是目前部分"90后"家长和"妈宝"现象居多，形成了大孩子带小孩子现象。

针对汪建芳老师提出的这两个问题，我觉得可以这样看待与解决：第一个问题中的情况比较普遍。不少家庭里，老人帮助带孙子、外孙，就出现了隔代教育的问题。祖辈和父母的观点与方法往往不统一。有的老人过分宠爱孩子，甚至溺爱孩子、骄纵孩子。而一些父母呢，则不太管孩子，甚至对孩子持散养的态度。于是，家庭里就出现祖辈和父母之间产生教育观点和方法的冲突，这是非常不利于孩子成长的。老师在和孩子家长的交流过程中发现了这一问题后，应该及时给予指导，让家长避免"隔代教育"带来的负面影响。同时，也要提醒年轻的父母要承担起教育孩子的角色，不要过分依赖祖辈。第二个问题，也是非常值得关注的。"90后"家长大部分是独生子女，有些人在宠爱中长大，做了父母后不一定会教育和引导孩子。而且，有些"90后"父母完全依赖老人带孩子，把教育的责任交给了上一代，这是不应该的。大孩子带小孩子的现象值得学校和家庭重视，要避免它带来的负面影响。还是之前我说过的话，学会做父母，不是天生的，是要学习、领悟的，更需要用心实践。实践出真知，不去照顾孩子，不去和孩子交流，不去亲子实践，就不会知道怎么做合格的父母。我想，我这本家庭教育书对年轻的父母，尤其是"90后"父母是有指导意义的。

三

金肖妍刚刚走上工作岗位，担任小学一年级的班主任和语文老师。她对我说："家庭教育既有共性的问题，也会因为地区、学校和每个班级的差异有细微的不同。我们班比较普遍的问题是陪伴时间不足。有十来个小孩都是老人在带，父母周末回来一趟。还有家庭成员之间对于孩子的教育原则和方法没有达成一致、战线不统一的情况，这样孩子就没有规矩。还有一种是家庭教育意识不够。这样的家长，说实在的是本身素质或水平有限。虽然能按照老师的要求去做，普通的作业能够基本完成，但是一些需要家长配合的综合性作业，比如制作贺卡、拍摄一段视频等，哪怕只是需要家长打印学习资料，也不能保证全部做好。"

金肖妍还说到，现在的二孩家庭，家长精力有限，家里有在读中学的大宝，无暇顾及小宝。还有一位女孩家长说，原来以为一年级很简单，就把心思全花在读初中的哥哥身上了。这个女孩平时很乖巧，但是语文学习情况很不理想，一年四季的春夏秋冬都说不出来。一年级上学期教材里关于季节的课文至少有三篇，但这个孩子都不太会，这说明家庭缺乏基本的亲子阅读。

金肖妍反映的问题也是目前不少家庭存在的。父母对孩子的陪伴时间不足，也是一个比较普遍的现象。有些父母即便有时间，也不太愿意去陪伴孩子。他们宁可去逛街，去看电视，去打电子游戏，去玩直播和抖音。还有些孩子完全是靠老人照看的。这样会出现父爱母爱的缺席。亲子陪伴不足，也会引发情感、生活习惯和学习能力不足等问题。另外，一些家长缺乏家庭教育意识，这也是一个不容忽视的问题。父母之爱与家庭教育是儿童成长的最重要的人文环境。家庭教育不只是简单的物质给予，还有精神陪伴和引领，需要家长的智慧，更需要言传身教。如果不重视家庭教育，放羊式地"散养"孩子，会让孩子失去最好的教育机会，对孩子也是不公平的。二孩家庭，父母要平衡好自己的时间和精力，在带好大孩子的同时还要照看好二孩。

家庭教育对父母来说，不只是亲子教育，也是亲职教育。家庭教育过程中会遇到很多问题和难题，甚至是一些很棘手的问题。相信只要愿意去学习，去实践，是可以提高教育能力的。本书的第一辑、第二辑主要是针对亲子陪伴和教育引领给出的一些方法，第三辑和第四辑则主要是想在孩子的读写习惯和读写能力培养方面给家长们支支招。当然，这些感受和方法也是我的家庭教育实践经验的总结与提炼。

特别需要指出的是，"双减"政策在减轻学生学业负担的同时，也给家长提出了挑战。如何在"双减"的背景下，既能在生活上带好孩子，又能在学习上指导孩子，这对于家长来说是需要认真思考和学习的。我也愿意和家长们沟通交流，不断学习。

感谢深圳海天出版社教育分社张晶莹副社长的邀约，让我利用寒假的时间整理好了这本书稿。需要说明的是，这些文字基本上都是报刊编辑老师催促着写出来的，发表在十几家少儿报刊和家庭教育报刊上，因此也要感谢各位编辑老师对我的信任与厚爱。这些年，在教学、研究和创作之余，我写了不少家庭教育方面的文章，也参加了上海市妇联家庭教育相关的工作。我不但有幸担任上海市妇联家庭教育专家，是长三角家庭教育智库专家，是上海市妇联授予的"专业阅读推广人"，还是各种家庭教育和儿童教育课题的评审专家。所以，我对家庭教育的关注，不只是业余之爱，还有很正式的成分。

总之，2021年《中国儿童发展纲要（2021—2030）》正式颁布和2022年1月1日《中华人民共和国家庭教育促进法》正式生效，是我国家庭教育领域的里程碑事件。家庭教育促进法明确了家长应该履行的家庭教育责任。因此，学会做合格的父母是必需的，而且做智慧的父母更是儿童发展和国家发展的必需。

让我们一起来做好家庭教育，为了孩子的成长，用心，努力，坚持，值得！

谭旭东

2022年夏

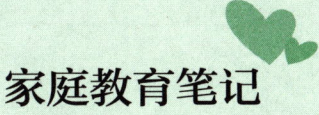

家庭教育笔记